AF499273

La magia de
crear libros

Mi Razón de Amarte

¿Se puede vivir sin miedo?

Primera edición: junio 2021

Ediciones Arcanas
www.edicionesarcanas.es
edicionesarcanas@gmail.com

Edición: Ediciones Arcanas
Corrección:
Saray Santiago Fernández
Cosmin Flavius Stircescu
Maquetación y diseño de interiores: Saray Santiago Fernández
Ilustración de portada: Maria Salvan
Ilustraciones interiores: 123rf, Pixabay
Maquetación de cubierta: Elías Santos

ISBN: 978-84-123948-5-6
Depósito Legal: AL 1831-2021

Maria Salvan

Dedicado a Oly.

¡Si superas el miedo a los perros podrás superar cualquier miedo!

Índice

Prólogo

Un manto blanco cubría la tierra, las casas y los árboles, el frío se colaba por todas las rendijas; todo alrededor parecía un gigantesco e inmaculado cuadro blanco pintado por un gran artista. Así revivo los inviernos de mi pueblo, un lugar que me dejó recuerdos maravillosos que me llenan el corazón de alegría. Tal como ocurre en la vida, este sitio, el más bonito de mi infancia, también me legó algunas vivencias no muy gratas; una herida terrible, difícil de sanar y que me acompañó durante muchos años, hasta hace poco...

Pero antes de empezar mi historia, déjenme decirles unas palabras más.

Este es un libro de autoayuda y mi intención es mostrarte que sí, se puede vencer el miedo. A través de mi experiencia te voy a enseñar que el miedo en sus peores fases (la fobia y el terror) se puede conquistar. **Mediante el amor hacia uno mismo, el que das y el que te permites recibir, podrás derrotar cualquier temor.** No importan las causas que lo hayan desencadenado, solo necesitas trabajar con tres herramientas primordiales: el amor y el apoyo de los que nos rodean, el autoconocimiento y la fuerza de voluntad.

Cuando la vida «nos golpea» o nos sentimos solos, sin un horizonte hacia el que mirar, nuestros familiares y amigos vienen a devolvernos la confianza, a demostrarnos que somos amados por ellos; y sobre todo por Dios, que siempre nos envía la ayuda necesaria para superar todo lo que nos acontece.

Por uno de su especie les cogí miedo a todos; por otro, ahora los amo. *Mi razón de amarte*, el libro que ha llegado a tus manos, es el resultado de un profundo proceso de sanación.

Durante más de cuatro décadas fui víctima de una fobia que no me permitió vivir como me habría gustado, pero hoy puedo decirte que **es posible vencer el miedo**. La expresión «el perro es el mejor amigo del hombre» no carece de sentido, es la pura verdad.

Traté de eliminar el dolor y el miedo con el odio, pero Dios puso en mi camino el amor y hoy puedo decir que soy libre del pánico que durante décadas me impidió vivir plenamente. ¡Me liberé del miedo y fue mi perrita la que me ayudó!

¡El amor siempre vence!

SOLO CON AMOR

Soñar.
Olvidar.
Liberar.
Observar.

Comprender.
Olvidar.
Necesitar.

Amar.
Meditar.
Ofrecer.
Razonar.

Capítulo I

A la orilla del río Someș

«Recordar es fácil para quien tiene memoria. Olvidar es difícil para quien tiene corazón».

Gabriel García Márquez

El Someş es un río magnífico que nace en Transilvania, al noroeste de Rumanía. A sus orillas se encuentra el pueblo de Nimigea de Sus, lugar donde nací, crecí y del cual conservo maravillosos recuerdos de mi infancia. También tengo otros no muy gratos que me han marcado, pero, gracias a la sabiduría divina, se convirtieron en una razón para vivir.

El miedo es un buen aliado cuando sabemos dominarlo, ya que nos alerta sobre los peligros que nos rodean. Sin embargo, cuando dejamos que nos domine, nos incapacita para vivir como nos gustaría. Por eso quiero compartir contigo mi proyecto de vida: **vencer el miedo es posible.**

A veces no nos damos cuenta de las cosas maravillosas que nos rodean, nos perdemos experiencias que quizás no vuelvan a repetirse. Desperdiciamos todo lo bueno y perfecto que nuestro Creador nos ha preparado para vivir felices.

El control del miedo empieza por el conocimiento de nosotros mismos, por descubrir quiénes somos y en qué somos más vulnerables.

***

Soy la mayor de tres hermanos. Mi padre trabajaba como obrero ferroviario en la estación de tren del pueblo vecino, a unos cinco kilómetros de nuestra casa, situada en la orilla izquierda del Someş. Junto a la mía había otras casas y al otro lado del

río había una tierra agrícola. La vegetación abundaba en ambas orillas. Crecían alisos, acacias, álamos, sauces y mimbres, todos árboles de zonas húmedas. Cada temporada cambiaba el paisaje y animaba los chicos a inventar juegos divertidos. En invierno se disfrutaba la nieve, en primavera se recogían flores, el verano era sinónimo de baños en el río y en otoño se cosechaban moras, nueces y avellanas.

En mis recuerdos este lugar representa un verdadero paraíso y, aunque ha pasado mucho tiempo desde que estuve allí, sigue siendo un lugar de ensueño para mí.

Recuerdo aquellos inviernos cuando el frío se colaba por todas las rendijas y un manto blanco cubría la tierra, las casas y los árboles; parecía un cuadro de un gran artista. Nevaba mucho y el río se congelaba; a veces la nieve se amontonaba al borde del camino y había placas de hielo en el suelo durante varios días.

En invierno no había mucho que hacer, el trabajo principal era el cuidado de los animales, sobre todo ovejas y vacas. Al final de la tarde, cuando terminaban sus quehaceres, las familias se refugiaban al calor del fuego hogareño.

A pesar del frío, los niños sabíamos cómo divertirnos. Cuando caían las primeras nevadas casi todos los jardines tenían un precioso muñeco de nieve; disfrutábamos jugando con él. Cuando ya estábamos habituados al frío, como si de un chasquido se tratara, se había terminado el invierno. La nieve se derretía, lo que indicaba que se acercaba la primavera. Entonces nos alegrábamos de volver a disfrutar del sol. A veces íbamos al bosque cercano a recoger flores —que aparecían muy temprano— o jugábamos con los niños de nuestros vecinos.

Mi estación favorita era el verano. Me encantaba disfrutar de los largos días soleados y bañarme en las aguas cristalinas del río. Tenía tiempo para todo. Cuando terminaba mis quehaceres, disfrutaba escuchando mi música favorita o leyendo. A veces estaba tan cansada que, después de leer algunas líneas, me dormía con el libro en la mano. No tenía biblioteca personal ni dinero para comprarlos —mis padres no gastaban el dinero en eso—, así que los sacaba prestados de la biblioteca que, afortunadamente, teníamos en el pueblo. Comencé a leer por recomendación del bibliotecario, que me daba libros adecuados para mi edad. Empecé con los cuentos de hadas y, a los diez años, ya estaba con el mundo de Julio Verne, uno que todavía fascina a los lectores. Mi amor por la lectura también se lo debo a una de mis profesoras, que me guio en el camino hacia los libros. La recuerdo con cariño; nos enseñaba lengua y literatura rumana y yo aprendía con mucha facilidad las lecciones de gramática.

Otra cosa que me gustaba del verano era que podía dormir sola en la habitación grande, ya que el resto del año dormíamos con nuestros padres en la misma estancia. Solo había calefacción en esa, así que se convertía en la sala de estar, la cocina y el dormitorio.

Recordar mi infancia me llena de nostalgia y dibuja una sonrisa en mi rostro. Esa época guarda los momentos más felices de mi vida y los atesoro con mucho cariño. Amaba la naturaleza y a todos los animales. En casa teníamos varios de granja: ovejas, vacas, gallinas... Por ese entonces, en mi pueblo no existía el concepto de mascota. El que tenía un gato —en mi familia siempre teníamos uno— lo tenía como animal de trabajo: atrapar a cualquier roedor intruso que entrase a la propiedad, sobre todo a la cocina. Quien tenía perro lo usaba para pastorear el rebaño y/o cuidar la propiedad de los extraños que se atreviesen a entrar o pasar cerca. A cambio recibían comida de sus amos y un techo, esto era lo habitual. La mayoría no recibía nada de afecto y, muchas veces, eran maltratados por quienes los cuidaban porque no conocían otro modo de tratarlos. Casi todos los perros de la zona estaban adiestrados para atacar y morder en defensa de su propiedad y de sus amos. Pasar cerca de una casa o entrar en ella siempre era un riesgo. Incluso los encadenados se lanzaban a por el visitante, al cual reconocían como amenaza. Como ocurría con frecuencia, desde mi más temprana infancia desarrollé un miedo colosal a los perros, que se acentuó debido a un acontecimiento que más adelante relataré.

Con el tiempo, mi miedo se convirtió en pánico y he tardado más de cuarenta años en sanarme. O, **mejor dicho, he sanado gracias al amor de alguien muy especial** porque, como dice un famoso filósofo: «Lo contrario al amor no es el odio, es el miedo». Solo al sentir amor de verdad por uno de su especie he podido perder el miedo que durante años me ha impedido conocer este regalo tan hermoso que Dios nos ofreció: la amistad y el amor incondicional de un perro.

Los perros llenan de alegría la vida de muchos humanos. De hecho, su especie y la nuestra comparten grandes similitudes que nos capacitan para vivir juntos. Ellos colman de un amor extraordinario a la familia que los acoge, son un miembro más porque ellos entienden de forma natural el concepto de manada; está arraigado en su ADN y para ellos manada significa familia.

Existen estudios que demuestran que la compañía de estos valiosos miembros de nuestra familia trae muchos beneficios, entre ellos la disminución de las probabilidades de sufrir un ataque cardiaco. Pero todo esto lo veremos más adelante.

Capítulo II

El origen del miedo

Según la Real Academia Española el miedo se define como un estado de angustia por un riesgo o daño, real o imaginario; también como el recelo o aprensión de que suceda algo contrario a lo que se desea.

Cada uno de nosotros vive el miedo de manera diferente; sin embargo, existen síntomas comunes. Nuestro cuerpo registra el miedo y pasa por varias etapas. En primer lugar, se capta el posible peligro a través de los sentidos. De manera inmediata, el cerebro lo interpreta y lo dirige hacia la acción del sistema límbico, que tiene como función principal la regulación de las emociones con el fin de preservar la integridad del individuo y la conservación de la vida. Es decir, lo prepara para luchar, huir o estar en alerta. Todo esto ocurre en milésimas de segundos, activando la amígdala y hormonas que se encargan de desencadenar diferentes reacciones físicas y emocionales tales como: aumento de la adrenalina, aumento de presión arterial, aumento de glucosa en sangre, aumento de la tensión muscular, dilatación de las pupilas, aceleramiento de las pulsaciones cardiacas y/o sudor frío.

Es importante comprender que el miedo es un mecanismo de defensa grabado en nuestro ADN, razón por la cual no deberíamos eliminarlo, ya que sería sinónimo de quedarnos expuestos al peligro. Lo primordial es canalizarlo y no permitir que controle nuestra vida.

La psicología profunda ha identificado otro tipo de miedo llamado «miedo por condicionamiento», que nace debido a la existencia de un conflicto básico, inconsciente o consciente, pero todavía no resuelto. Si el miedo no se mantiene bajo control, se puede convertir fácilmente en pánico total; y en estado de pánico podemos perder el control de nuestras acciones.

Cuando existe una causa real y dura un cierto tiempo, el miedo es una emoción normal que podría incluso llegar a salvarnos la vida. Por ejemplo, no es lo mismo tener miedo a bañarse en un río de aguas profundas y corrientes rápidas si no sabes nadar, que tener miedo a entrar en un lago de aguas limpias y poco profundas.

Según los especialistas hay algunas variaciones del miedo; las más importantes son:

- **Susto.** La psicología considera el susto como una impresión de pavor que aparece de forma repentina, pudiendo ser infundado por algún acontecimiento como, por ejemplo, un ruido; o no ser infundado por ningún agente externo. «*¡Ay, qué susto me pegué al escuchar el ruido de la ventana! Pensé que alguien había tirado una piedra, pero me di cuenta de que fue solo el viento*».

- **Temor.** Se define como una sensación de presunción o sospecha en cuanto a que un suceso desfavorable está a punto de ocurrir. «*Me temo que no aprobaré el examen porque no respondí todas las preguntas*».

- **Pánico.** Miedo excesivo con o sin causa justificada.

- **Terror.** Definido como un miedo acompañado por un sobresalto; en muchas ocasiones, espanto ante un mal que nos amenaza o ante un peligro que presentimos como inminente

- **Fobia.** Es un miedo extremo o patológico; es decir, un miedo enfermizo que influye sobre la persona que lo padece, afectando profundamente a su vida diaria y a la de las personas cercanas a ella. Hay fobias muy diferentes:

aracnofobia, agorafobia, claustrofobia, etc. «*Prefieren subir por las escaleras doce pisos antes que usar el ascensor*».

Tal como afirman los especialistas, esos miedos son mecanismos psicológicos de protección, así que es importante darles el valor que tienen y no pensar que son algo que nos hace daño sin más.

***

Algunos domingos de verano mi madre preparaba una comida especial porque tenía verduras frescas que cultivaba en el huerto. El plato favorito de mi padre eran los pimientos rellenos, que solo se podían cocinar en verano porque no teníamos pimientos el resto del año. Mi madre solía hacerlos en días festivos. Elegía los pimientos más frescos y maduros de nuestro huerto y los rellenaba con una mezcla de arroz, carne, cebolla y especias (tomillo, eneldo…). Luego los hervía en agua y, por último, le añadía salsa de tomate. Era un plato muy sabroso, especialmente por la frescura de las verduras.

Nunca me gustaron los pimientos rellenos, no entendía por qué. De hecho, siguen sin gustarme.

A veces sola —probablemente por ser la hermana mayor—, otras con mis hermanos, le llevaba esta comida a mi padre al trabajo. Aunque han pasado muchos años, sigo sin comprender cómo mi madre nos hacía recorrer esa distancia tan grande a pie. Niños cargados de bolsas con comida, sin reloj o teléfono móvil, que tenían que pasar por una carretera nacional. Entonces era muy común que los padres involucraran a sus hijos en actividades laborales; es decir, que los llevasen a trabajar al campo, pero no dejaba de representar un gran riesgo que una niña o niño, de cualquier edad, recorriera esa distancia, mucho más sin compañía o con otros niños de su edad.

Íbamos descalzos por la carretera nacional, que entonces aún no estaba pavimentada, con los pies llenos de polvo bajo el sol de verano. No había muchos coches en esa época. De vez en cuando pasaba algún camión que dejaba una gran nube de polvo. Pasaban minutos enteros hasta que esa nube desaparecía y podíamos ver de nuevo el camino.

Pero como todos los niños, estábamos acostumbrados a ver algo bueno en las cosas malas. De camino al trabajo de mi padre vivía una de sus hermanas, una mujer muy hermosa, generosa, amable y cálida. Se dedicaba a preparar caramelos de azúcar y helados, que vendía los domingos y los festivos. Siempre la visitaba con gusto cuando se encontraba en casa porque me regalaba helados y caramelos.

En una ocasión, un domingo muy caluroso de verano, cuando tenía unos seis o siete años, mi madre me envió a llevarle el almuerzo a mi padre. De regreso me detuve en la entrada de la casa de mi tía dispuesta a saludarla y a recibir mi recompensa. ¡No podía imaginar el destino tan cruel que me esperaba!

En su patio vivía una familia que tenía un perro grande, al que mantenían encadenado en condiciones desagradables. Cuando me acerqué al portón se enfureció y tiró con fuerza de la cadena, que se rompió al instante, y se abalanzó sobre mí.

A pesar de que los dueños estaban presentes, no pudieron controlar la situación. No sabían qué hacer para alejar de mí al animal, que tenía un gran desequilibrio porque no lo habían sabido educar. El resultado fue un hecho lamentable cuya víctima fui yo. Me mordió la pierna izquierda y de ahí hasta que la ambulancia me llevó al hospital no recuerdo nada. Pero jamás olvidaré aquel ataque.

Me operaron de urgencia. Desperté en una habitación de hospital, sola, acostada en una cama y con un enorme dolor.

De vez en cuando venía una enfermera para ver cómo me sentía; siempre me encontraban llorando. Lloraba por el dolor, quizá por el miedo de estar sola o, probablemente, por ambos.

Más tarde llegaron mis padres. Se quedaron conmigo casi una hora y luego se fueron. Mi padre debía volver al trabajo y mi madre, para que no llorase, me dijo que iba a comprarme un helado y que volvería pronto. Me alegré por el helado —ella sabía que me gustaba mucho—, aunque no quería estar sola en ese lugar desconocido. Me quedé tranquila, en la cama, confiando en que volvería pronto, tal como me había prometido, pero no fue así. Estaba segura de que volvería, no podía creer que me dejara allí sola, así que la esperé. Ni siquiera podía levantarme de la cama, tenía la pierna vendada y me dolía mucho; tampoco podía acercarme a la ventana, que daba a la calle principal. Pasé toda la tarde mirando la puerta con la esperanza de que se abriera en cualquier momento y entrara mi madre, pero ella no volvió, ni con helado ni sin él. Había vuelto a casa porque mis hermanos menores estaban solos, al cuidado de nuestros vecinos. Además, tenían muchos animales y necesitaban comida y agua.

Sí, mis padres me dejaron sola; sola en esa habitación de hospital, con esas frías paredes blancas que nunca olvidaré. Cuando escuchaba pasos en el pasillo me sobresaltaba, pensando que era mi madre. Pero no, pertenecían a los médicos y enfermeras. Apenas pude cerrar los ojos aquella noche. Me sentía abandonada. Pensé que mis padres no vendrían a buscarme ni me llevarían a casa… Por mucho que lloré, no pude hacer nada. La enfermera me aseguró que al día siguiente vendrían a verme y que debía dormir para recuperarme, pero me resultaba muy difícil hacerlo sola en aquella habitación inmensa. Fue la primera vez en mi vida que estuve separada de mi familia. Al final, el sueño me venció y soñé que mis padres regresaban a por mí al día siguiente.

Los niños se sienten muy traicionados cuando se dan cuenta de que sus padres, las personas en las que más confían, les han mentido. Por eso te animo a que siempre digas la verdad. Mentir no es una solución para proteger a tu hijo de una situación incómoda, negativa o desagradable; de lo contrario, crea desconfianza e inseguridad en vuestra relación. Lo mejor es decirle la verdad usando un lenguaje claro y simple, apropiado a su edad y nivel de comprensión.

La decepción que la mentira de mi madre me ocasionó fue profunda y doble: primero esperé a que volviera; segundo, que me trajese un helado. Seguramente mis padres no creyeron que aquella «pequeña mentira» pudiera afectarme tanto. Aunque mis padres eran personas serias y formales que respetaban su palabra, y aunque desde entonces no me dieran ningún motivo para dudar de ellos, nunca volví a tener plena confianza. Sin querer, de vez en cuando, aparecía en mi mente la pregunta: «¿Me estarán diciendo la verdad esta vez?».

En el seminario «Las cinco heridas que impiden ser uno mismo» aprendí que debido a esta mentira apareció en mí una herida emocional de traición y miedo a la confianza. Según los especialistas, las situaciones como estas provocan aislamiento y desconfianza.

Mi madre vino a verme dos días después. A mí me pareció una eternidad. Mi padre solo vino cuando me dieron el alta tras pasar ingresada varios días. Yo no entendía por qué ciertas cosas sucedían de esa manera, pero así eran mis padres. El trabajo era más importante para ellos que nosotros.

Para mí, el hecho de que me hubiese quedado sola en el hospital se debía a un perro y, desde ese momento, los odié a todos. Creía que ellos eran la causa de mi sufrimiento. Creo que fue entonces cuando también apareció mi miedo a quedarme sola.

***

El miedo a la soledad se debe a que los padres no saben cómo cuidar nuestras emociones de niños. Como en mi caso, que, aunque mi madre pudo quedarse conmigo, consolarme y ayudarme a superar el miedo y el dolor que había pasado unas horas antes, decidió dejarme sola. En esos momentos los necesitaba más que nunca. Necesitaba que estuvieran conmigo, que me abrazaran y que me acariciasen... Al menos la primera noche, que fue la más difícil para mí. Solo era una niña asustada a la que acababan de operar por el mordisco de un perro y necesitaba palabras de aliento. Me habría gustado que me aseguraran que todo pasaría, que estarían a mi lado, que la herida cicatrizaría rápido, que volvería a casa pronto... en lugar de irse lo antes posible y sin decirme nada.

Creo que ni siquiera se dieron cuenta de la situación por la que estaba pasando, cuáles eran mis emociones, mis sentimientos o mis miedos. Quizás estaban asustados y preocupados, pero no sabían cómo actuar. Afectados sí estaban, al fin y al cabo, se trataba de su hija y, aunque a su manera, estoy segura de que me amaban.

Mis padres, como la mayoría en aquellos tiempos, no prestaban mucha atención a las emociones de sus hijos. La educación carecía de empatía. La vida era dura y, según ellos, un padre no debía acariciar mucho a sus niños. Pensaban que mimarlos demasiado no era bueno porque entonces no aprendían las dificultades de la vida.

Cada generación vive de una forma diferente. Pienso que parte del desequilibrio emocional de muchas personas de mi generación se debe a que se les ha privado del amor paterno y materno que todo niño debe recibir a través de gestos de cariño como abrazos, caricias, besos y tiempo. Quizás sus padres los amaban, pero tenían miedo de mimarlos y pensaron

que sería mejor besarlos solo cuando dormían. Quizás ellos tampoco recibieron amor de sus padres… O quizás querían criar hijos fuertes, sin necesidades emocionales, porque la vida era dura y había que estar preparado desde una edad temprana… También puede ser que, simplemente, prefirieron ser más duros para que las cosas no se salieran de control y los niños fueran capaces de afrontar las dificultades… ¿Quién sabe?

Después de muchos años, de leer cantidad de libros y participar en cursos y seminarios de desarrollo personal, descubrí que está en nuestro poder romper este círculo vicioso. Sin importar la edad que tengan nuestros hijos, nuestra labor como padres nunca termina. ¿Le has preguntado a tu hijo cómo se siente, ¿si es feliz?, ¿si se siente amado? Habla con tus hijos sobre temas diferentes y aplica disciplina si es necesario, pero con amor. Todos los niños necesitan que sus padres los escuchen y mimen. Dale a tus hijos todo el afecto posible, bésalos, acarícialos, hazles cosquillas y abrázalos con la mayor frecuencia posible hasta que sientan que los amas y que pueden confiar en ti. ***¡No pierdas el tiempo con cosas superficiales!***

Cuando llegues a casa tras un arduo día de trabajo, olvídate del móvil, de la tableta y del ordenador; apaga cualquier aparato electrónico que impida que te diviertas con tus hijos. Son herramientas que nos hacen la vida más fácil, pero también nos distancian de las personas que amamos.

Las comidas compartidas en familia brindan un valioso tiempo para estar juntos. Es importante evitar las distracciones a la hora de sentarse a la mesa, sea en el desayuno, en el almuerzo o en la cena. No enciendas la televisión y, mucho menos, revises tu Facebook, Instagram o correo electrónico; mejor aprovecha esos momentos y disfruta hablando y riendo con tus hijos.

A menudo me he preguntado cómo habría sido mi infancia si hubiera habido teléfonos inteligentes, tabletas, YouTube, Facebook, etc. ¿Tendría los mismos recuerdos?

***

Aunque el suceso fue muy dramático, mi herida sanó relativamente rápido; sin embargo, la pierna me dolía con el más mínimo golpe. A veces, el dolor era tan intenso que me daban ganas de llorar… o lloraba sin más. Así pasé todo el verano. Mi mayor problema era que no podía caminar. Dependía todo el tiempo de mis padres, que tenían que llevarme en brazos adonde necesitase. En muchas ocasiones ni siquiera sabía si lloraba por la impotencia o por el dolor. Para colmo, en aquella época no existían tantos analgésicos, así que tuve que lidiar con el dolor lo mejor que pude.

Y al final me quedó una fea cicatriz, recuerdo del ataque canino que me generó mi fobia. El acontecimiento marcó mi vida y la transformó. Desde aquel momento temí a todos los perros, sin importar su tamaño o raza; todos eran peligrosos para mí y necesitaba estar muy lejos de ellos.

Aquella fobia me impidió vivir durante muchos años como me hubiera gustado. Mucho más tarde entendí que, aunque no lo pareciese, todo había sucedido por algo, para crecer y para aprender una lección valiosa: **¡el amor sana todas nuestras heridas! ¡El amor tiene el poder de sanar nuestros miedos!**

Es el momento de apartar a un lado los miedos insanos. **La mejor manera de empezar a curar una herida es reconocer que tenemos un problema** y no subestimarlo. Pero hay un paso previo que nos lleva a reconocer que sufrimos de algún miedo: **el autoconocimiento**. Si no nos conocemos a nosotros mismos, ¿cómo sabremos que tenemos un problema? Al conocernos descubriremos nuestro lado fuerte y nuestro lado vulnerable; nuestras debilidades y nuestro potencial.

Cabe decir que muchas personas sienten miedo de conocerse a sí mismas y de encontrarse con su *yo* interior y, a veces, esto es un verdadero problema. Conocernos a nosotros mismos incluye comprender nuestro interior, nuestro entorno y las circunstancias en las cuales vivimos. Te digo esto porque muchas veces sentimos miedos provocados por algunas situaciones, pero no depende de nosotros que estas desaparezcan o no. Por ejemplo, sentimos miedo de ir a un barrio que consideramos peligroso, pero puede ser que no lo sea, sino que nuestro miedo nos haga percibirlo así. En mi caso, después de aquel ataque, cuando tenía que ir a cualquier sitio, sin importar si iba sola o con mis hermanos, iba con miedo de que apareciera algún perro y eso me hacía sufrir mucho. Viví así la mayor parte de mi vida. No puedo decir que no disfrutase de nuestros largos paseos en la naturaleza los días de verano, pero ya no me sentía como antes porque **el miedo nunca me abandonaba.**

Ahora bien, el hecho de que estuviera atemorizada no cambiaba la situación. Debería haber aprendido a sobrellevarlo y controlarlo, pero no lo hice. Puede que por la poca experiencia (yo era solo una niña) o porque no tuve la ayuda adecuada en aquel momento.

Controlar lo que podía suceder, encontrarme con un perro callejero, por ejemplo, no estaba en mis manos; lo que sí estaba era encontrar una forma de tranquilizarme en esos momentos, no dejar que el miedo me venciera, pero para mí desdicha, ¡no lo sabía! El conocimiento que tengo ahora y que voy a compartir contigo no lo tenía en esos tiempos.

Hay algo que tengo muy claro en el presente: **la esperanza juega un papel muy importante.** Pero no se trata de esa esperanza de los temerarios, esa que te hace decir: «A mí no me va a pasar nada». No. Es una esperanza que va por encima de las palabras y que se traduce más en la acción de ser conscientes de que en el mundo existen peligros, que fuera hay peligros y en nuestra casa también, pero que podemos enfrentarlos y eliminarlos o, muchas veces, evitarlos. Para vencer el miedo y las nefastas consecuencias que nos causa es preciso tener esperanza. **¿Cómo usar la esperanza para sanar el miedo?**

Tenemos que caminar con esperanza para vencer los miedos. Tener fe de que todo va a estar bien. Los que tienen fe y esperanza nunca estarán angustiados, ansiosos ni temerosos hasta el punto de perder el control. **El autoconocimiento, la esperanza de que todo salga bien y el apoyo, junto con el amor de los que nos rodean,** son las herramientas más importantes para superar cualquier dificultad, incluso el miedo, aunque se haya convertido en una fobia. ¡No hay excepción!

Cómo curar el miedo

Determinar las causas

El miedo avisa de que hay algo que sanar, algo que superar. Si quieres dejar de sentir miedo, tienes que saber qué lo causa.

Debido a las experiencias por las que pasé, entendí el poder del amor incondicional y que la única medicina que puede lidiar con el dolor, el miedo, la culpa y la vergüenza es el amor.

Para poder curarnos de cualquier miedo, fobia o temor, tenemos que empezar por estar conscientes. Hay que reconocer que tenemos un problema, identificar las causas que lo han generado y preparar un plan de acción. A veces no es fácil determinar la causa de nuestro miedo o fobia y, mientras tanto, se «aprovechan» de nuestro cuerpo, nuestra mente y nuestro espíritu como un enemigo silencioso que nos maneja a su antojo. En estos casos es mucho más difícil superarlo.

Puede parecer increíble, pero, a veces, hay miedos que nos acompañan desde bebés. Llegamos a la edad adulta con fobias o angustias sin saber cuándo o cómo se han generado. Por ejemplo, una persona se puede poner tensa cuando escucha el sonido de la lluvia o cuando percibe el olor de la hierba mojada sin tener una explicación racional. Quizá, cuando solo era un bebé, sufrió un accidente o su familia se vio afectada por una inundación.

Aún más increíble es el miedo que, según los científicos, se adquiere desde el vientre materno. Hay estudios que demuestran que las emociones que un niño aprende cuando está en el vientre son muchas y variadas; el miedo es una de ellas. Esta emoción queda grabada en la memoria y en el cuerpo de una persona durante un largo periodo de tiempo o, en algunos casos, para toda la vida. Por ejemplo, alguien que tiene miedo de ahogarse en el mar, cuando ni siquiera vive cerca, podría ser un miedo inconsciente debido a experiencias que su madre vivió durante el embarazo. Este sentimiento no se cura solo y con el tiempo puede transformarse en fobias que, aparentemente, no tienen ninguna explicación.

Nos preguntamos: ¿por qué el miedo dura tantos años a diferencia de otros sentimientos? La razón es muy sencilla: sentir miedo se debe a la necesidad que tenemos como seres humanos de sobrevivir. Lo que nos causa daño queda grabado en nuestra memoria mucho más fácil que lo que nos hace felices o nos da placer, como un mecanismo de autoprotección y un recordatorio para no repetir la experiencia.

A veces ocurre como consecuencia de una situación traumática que nos deja una huella profunda. Por ejemplo, un desastre natural, una guerra, un incendio o un accidente de tráfico. Es completamente normal que una experiencia traumática nos cause un trastorno durante un tiempo, pero un gran porcentaje de personas se recupera y toma de nuevo el control de su vida a medio plazo. Si pasa demasiado tiempo sin que seamos capaces de controlar la situación, lo mejor es buscar ayuda. Hablar de ese miedo con un especialista podría ser el comienzo del proceso de sanación.

En mi caso, tengo la ventaja de saber el origen de mi fobia: el ataque de aquel perro. El trauma que me provocó solo debería haber durado unos meses, pero empeoró por la falta de conocimiento de mis padres sobre cómo ayudarme a erradicarlo. En lugar de intentar disminuir mi miedo poco a poco, sin que se saliera de control, la solución de mis padres fue exponerme a él, a los perros, así que estuve en peligro varias veces, lo que aumentó mi miedo hasta convertirse en fobia.

Cuando uno pasa por situaciones tan traumáticas como esa, en la que el daño físico y emocional son tan intensos, se guarda mucha información en el subconsciente y nos hace responder con miedo a situaciones parecidas. Son muchos los detalles que permanecen fijos en nuestro interior —olores, sonidos, movimientos, gustos, colores…— sin que nos demos cuenta y que desencadenan esos ataques de fobia. Por muchos años que pasen, al percibir un estímulo similar se desencadena los recuerdos de inmediato e, incluso, se puede revivir la escena una y otra vez, como un bucle, haciéndonos sentir tan asustados como el día en que ocurrió.

Recuerdo muy bien la sensación que se generaba en mi cuerpo cada vez que escuchaba el sonido de una cadena o el viento en los árboles. El perro estaba atado a una cadena y frente a la casa había árboles; el viento soplaba entre sus hojas aquel día. En el jardín de mi casa, muchos años después, seguían acudiendo a mí esos recuerdos provocados por esas sensaciones.

El reconocimiento del miedo, la esperanza y el amor de los que nos rodean harán que, poco a poco, el miedo desaparezca.

Técnicas para vencer el miedo

1. Identificar los pensamientos deformados o irracionales

Como sabemos, además de los pensamientos que tenemos de forma consciente hay muchos más en nuestro subconsciente, incluso algunos irracionales y desordenados. Estos pensamientos pueden aparecer de forma espontánea y cambiar nuestra percepción de la realidad en diversas situaciones.

Cada persona es distinta y sus pensamientos son consecuencia de las experiencias vividas o aspectos apreciados en el comportamiento de sus padres u otros responsables. Yo creé un falso pensamiento y crecí convencida de que todos los perros son malos y peligrosos. En mi interior me repetía una y otra vez: «¡No debes acercarte a ningún perro! ¡No son animales de compañía!».

Cambiar un pensamiento distorsionado no es fácil y para un adulto resulta aún más difícil cambiar cierto tipo de comportamientos o formas de pensar después de vivir durante años con esa convicción. Según los psicólogos, **es fundamental reconocer qué tipo de pensamientos ocupan nuestra mente.** Los más dañinos son los del tipo «etiquetas globales»: *«¡Todos los niños son llorones! ¡Todos los hombres son iguales!».* O una etiqueta parecida a la que me acompañó gran parte de mi vida: ***«¡Todos los perros son peligrosos!».***

Recién me di cuenta del daño que me hizo tener esta etiqueta grabada en lo más profundo de mi ser durante tantos años, de cuántas cosas y buenos momentos me perdí por haber creído de verdad que todos los perros son peligrosos. No todos los animales merecen ser juzgados por un solo incidente.

Las etiquetas globales, conocidas como generalizaciones, están consideradas, en el proceso psicológico de neurolingüística, una violación al lenguaje. Pero podemos cambiarlas y ayudar también a los demás a que las eliminen. Cuando piensas **«todos los perros están entrenados para morderme»** pregúntate: «¿Todos? ¿Estoy segura? ¿Acaso yo conozco a todos los perros del mundo y todos me han mordido?». Si alguien dice: «¡Todas las mujeres son infieles!». Debes responder: «¿Todas? ¿Acaso conoces a todas las mujeres del mundo?».

Debemos acabar con las generalizaciones, quitar ese pensamiento equivocado y sustituirlo por un pensamiento adecuado.

En mi caso fue una gran ventaja cambiar ese tipo de pensamiento de la forma menos esperada y en el tiempo adecuado. Aquel que conoce las necesidades de todas sus criaturas en su inmensa sabiduría, sabía que tanto yo como la perrita nos necesitábamos para darnos amor y sanar mis heridas.

2. Aprender a solucionar problemas

Como he dicho antes, para solucionar un problema, primero debemos **aprender a identificar las causas**. Una vez hecho esto, debemos buscar la solución. Si el miedo se sale de control, podemos pasar por momentos difíciles y para superarlos debemos enfrentarnos a nuestros miedos. No valen las soluciones temporales ni huir.

Cuando mi esposo encontró a Oly, un cachorro abandonado en una caja de zapatos debajo de un coche, y lo trajo a casa, mi primera reacción fue de negación. Simplemente lo rechacé. No quería tener una mascota, mucho menos un perro. La idea de volver a casa y encontrar a un perro me provocaba una angustia intensa.

Entonces no entendía la oportunidad que venía con ella: **enfrentar mi miedo a los perros de una forma segura.**

Porque, al final del cuento, no se supera ningún miedo negándolo; hay que enfrentarlo y tomar el control.

El primer paso que me permitió derribar esa pared que me impedía olvidar el pasado fue consentir que la cachorrita se quedara con nosotros durante un tiempo. ¡Cuán agradecida estoy por esa decisión!

3. Desensibilización

Enfrentarnos al objeto que nos atemoriza o a la situación que nos lo causa —sea imaginaria o real— es conveniente, pero de forma sana, suave, progresiva y por decisión propia. De ninguna manera debe ser un encuentro obligado, violento o impulsivo.

Los primeros días de Oly en casa fueron los más difíciles. Al principio estaba escéptica, insegura y desconfiada. Consideraba una amenaza a una cachorrita. ¿Quién dijo que una pobre cachorrita, con apenas un par de semanas de vida, un cuerpo como de peluche y una carita tan tierna podría ser una amenaza para mí? Pues yo lo creía y lo sentía así. Poco a poco la convivencia, ese vivir día a día con un perro en casa, me enseñó a tranquilizarme y a tomar el control de la situación. No podía dejar que el miedo me impidiera ver más allá y no percibir lo hermosa que era su mirada, deseosa de amor.

Capítulo III

No es el tiempo quien borra tus heridas

«Se ha dicho que el tiempo cura todas las heridas.
La verdad es que el tiempo no cura nada. Simplemente pasa.
Es lo que hacemos durante el paso del tiempo
lo que ayuda o dificulta el proceso de sanación».

Jay Marshall.

Aquella experiencia me generó un temor indescriptible hacia los perros; un miedo terrible. Cuando algún perro se acercaba a mí, sentía que me quedaba congelada. Mi cuerpo temblaba y huía en busca de refugio. Tenía la impresión de que el perro, aunque fuese un cachorro, me alcanzaría y me mordería. Es triste mirar atrás y recordar cuando mis padres intentaban curar mi temor obligándome a enfrentarme a él, algo que solo empeoró mi situación.

A pesar de que empecé a trabajar a los siete años, tuve una infancia feliz. Como decía al principio, guardo recuerdos hermosos de esa época. Pero no todo fue tan maravilloso. En el pueblo había muchos perros que, normalmente, se usaban para proteger a las ovejas en el campo, así que era fácil toparse con alguno. La angustia y la desesperación me acompañaron cada día hasta que me fui del pueblo con dieciocho años.

Un día, mi padre me explicó que, para ahuyentar a cualquier perro, tenía que usar las mismas palabras que los pastores, expresiones del tipo: «¡A las ovejas contigo!» o «¡Ve a las ovejas!». También me dijo que no debía tener miedo porque los animales sienten cuando los humanos lo tienen y por eso atacan. Él creía que esos perros que me percibían como un peligro para el campo o para las ovejas, me obedecerían al usar las mismas palabras que sus cuidadores. Lo intenté varias veces, pero no funcionó, así que el miedo no desapareció.

Un perro solo obedece a un líder estable y una persona que está atemorizada no refleja estabilidad, al contrario. Ellos perciben la debilidad y si no están bien cuidados, si no se les brinda amor, la perciben con más facilidad. Esto los hace tener el impulso de morder para protegerse de un peligro eventual. En otras palabras, cuando me enfrentaba a un perro sintiendo miedo, estaba expuesta a ser atacada. En la naturaleza primitiva, la supervivencia animal que se despierta en los que han sido o son maltratados existe un código, un instinto que les dice que la debilidad debe ser destruida.

Pasaban los años y, a medida que crecía, también lo hacía mi miedo. Recuerdo bien que, junto con los hijos de los vecinos, organizábamos excursiones. Caminábamos, escalábamos, bajábamos colinas en busca de bayas... Disfrutábamos de la naturaleza. Siempre estaba la posibilidad de toparse con algún perro, y no con uno cualquiera, sino con esos enormes que vivían en los rediles o cerca de ellos. Su papel era proteger a las ovejas de los animales salvajes y, por supuesto, reaccionaban violentamente cuando un extraño —aunque fuese un niño— se acercaba a su territorio. Nunca pude disfrutar de aquellos paseos tanto como me hubiese gustado.

Mis padres amaban a los animales; los criaban con mucho cariño en nuestro hogar. Los favoritos de mi padre eran las ovejas. Le agradaba participar en un evento tradicional de mi pueblo llamado «La medición de las ovejas» (*Măsura oilor*), que se realizaba al comienzo de la primavera. En él, las ovejas eran ordeñadas y luego se medía la cantidad de leche que había dado el rebaño. Gracias a eso, cada dueño sabía exactamente cuánto queso recibiría ese verano de los pastores que cuidaban de las ovejas.

Todas las familias del pueblo tenían el deber de trabajar y contribuir económicamente al pago de los pastores. Al mismo tiempo, se establecía que las familias tomaban la leche y el queso de las ovejas. Al terminar la medición se organizaba una fiesta popular en el campo. La gente del pueblo comía, bebía y bailaba; se celebraba que la medida de leche había terminado bien.

Os preguntaréis por qué os cuento esto. Cuando era nuestro turno, mi padre hacía el queso con los pastores en un redil situado en pleno campo. Mi madre me mandaba —por ser la mayor— a llevarles comida. Las ovejas estaban muy lejos de nuestra casa y para llegar al redil tenía que atravesar el bosque o recorrer un camino sinuoso que lo bordeaba. En mi opinión, en cualquier momento podría aparecer un perro, incluso un animal salvaje (jabalíes, lobos, zorros, etc.) por lo que iba muerta de miedo y cargada de bolsas llenas de comida. Mi corazón, tan pequeño como una pulga, latía tan fuerte que parecía que se me partiría en el pecho.

El camino se me hacía eterno y solo respiraba tranquila cuando llegaba sin haber encontrado ningún peligro. Pero me encantaba la vista tan maravillosa que aparecía ante mis ojos. El cielo parecía más azul y el campo más verde, lleno de flores con decenas de mariposas de colores que volaban libres y felices; de la nada aparecía algún manantial para saciar mi sed. Disfrutaba del aire fresco, del canto de los pájaros y del susurro de las hojas de los árboles cuando se movían con el viento. Sin embargo, el miedo de que en cualquier momento y desde cualquier lugar pudiera aparecer un perro siempre estaba presente. Ese pensamiento me estremecía, me encogía de miedo ante cualquier ruido. Me sobresaltaba con la más mínima brisa y tenía la sensación permanente de que algo malo me pasaría.

A pesar de todo, tenía que llevar la comida. No podía negarme porque me castigaban, así que no tenía otra opción. Nadie prestaba atención a mis miedos; eran míos y tenía que vivir con ellos, pasara lo que pasase. Tenía miedo de que mis padres me castigasen, miedo de que los perros me mordieran… Cuando miro atrás me resulta difícil entender de dónde sacaba tanta fuerza para afrontar aquellas situaciones yo sola y siendo una niña.

Mi padre solía decirme que lo llamase cuando estuviera cerca del redil para que fuera a mi encuentro, pero cuando lo hacía, también venían los perros. Aunque sabía que estaba a salvo porque él me protegía, temblaba de miedo al escucharlos ladrar.

Para mis padres no era nada malo hacerme plantar cara a los perros, pero para mí sí lo era. ¿Acaso mis padres no tenían miedo de que me pasara algo malo? ¿O tal vez sí? Quién lo puede saber… Nunca antes me había hecho esas preguntas.

Así transcurrieron los primeros dieciocho años de mi vida, hasta que me fui a estudiar a la capital. Lamentablemente, no es posible dejar los miedos atrás, tal como dejamos un lugar. Mi maleta estaba preparada para mi futura vida de estudiante, pero no solo contenía ropa y recuerdos, también todas mis heridas del pasado.

Aunque estaba segura de que en la capital no me toparía con tantos perros guardianes, el miedo me seguía a todas partes; sobre todo por la noche, cuando regresaba a casa. De hecho, a cualquier lugar nuevo al que iba, mi primera preocupación era saber si había perros sueltos o callejeros que pudieran morderme. Si al caminar por la calle se me acercaba un perro —no importaba si era un cachorro o grande—, cambiaba de acera o me alejaba. Entraba en pánico al pasar cerca de ellos. Cuando visitaba a amigos o parientes con perro, primero les preguntaba si mordía y luego, aunque me aseguraban que no, que el animal era muy tranquilo, les pedía encarecidamente que lo guardaran en algún lugar. Su simple ladrido, incluso verlo de lejos, me hacía temblar.

Mi problema ya no era solo mío, afectaba a todos los que formaban parte de mi vida. A algunos familiares no les gustaba tener que encerrarlos por mí. Casi todo el mundo conocía mi miedo a los perros.

Aunque crecí en un lugar donde no se conocía el concepto de mascota, para muchas familias, en diferentes partes del mundo, el perro es —como yo aprendería más adelante— una parte importante de la familia y una parte esencial en su vida.

Capítulo IV

Sanando miedos

«Sanar es tocar con amor lo que antes fue tocado con miedo».

Sandra Triay.

Los años pasaron y, a pesar de mi fobia, mi vida trascurrió con normalidad. Después de todo, cualquiera puede tener miedos. Es un parámetro humano, una condición con la cual debemos lidiar, unos más que otros. Al menos, eso era lo que me decía a mí misma. Mi miedo no era un miedo sano, era una condición de fobia que limitaba mi existencia, por lo que no estaba tan feliz como debería haber estado.

Cuando una herida es muy profunda, no importa el tiempo transcurrido, no la podemos sanar; por más que tratemos de ocultarla, siempre reaparecerá una y otra vez porque lo que se esconde te enferma más.

Me casé y fui bendecida con dos maravillosos hijos. A pesar de la alegría que mi familia significaba para mí, el miedo a los perros seguía ahí y los que me rodeaban no sabían o no lo comprendían cuán grande era. No siempre entendían lo que me ocurría porque no tenía costumbre de hablar de mis sufrimientos, mis miedos y mis sentimientos.

En retrospectiva y como madre, no logro imaginar ni por un instante exponer a mis hijos a situaciones que pudieran poner su vida en peligro con el fin de que aprendan una lección, como hicieron mis padres. Tal vez suene un tanto dramática, pero según los especialistas el pánico es una de las mayores causas de muerte en el mundo.

Si algún perro hubiera salido a mi encuentro en la carretera, habría salido aterrorizada y podría haber caído al tratar de

subir un árbol o ser atropellada por un coche… Gracias a Dios no sucedió nada de eso.

En fin, mis hijos crecieron y, con el tiempo, dejé de hablar de este miedo. Me obligué a no pensar. Tenía la impresión de que mi familia y mis amigos creían que exageraba; probablemente ni siquiera lo entendían. Podría haber dicho que ya no tenía miedo a los perros, pero en cuanto aparecía uno, el miedo me invadía. A veces estaba tan asustada como cuando me mordió aquel perro. Era como si reviviera ese momento. Incluso la sensación del dolor en la pierna parecía real de nuevo. Con el tiempo me acostumbré y llegó a parecerme normal reaccionar de esa manera. Nunca hablé con nadie sobre esos extraños sentimientos.

***

Hacemos lo que hacemos y volvemos a la infancia. El pueblo se quedó allí…, yo solo me llevé los recuerdos. El anhelo por la infancia siempre permanece en nosotros, de ahí tal vez mi amor por las lluvias de verano y las flores blancas. Aunque los niños de hoy ya no juegan como antes. La casa de mis padres ya no se parece a la de mi niñez, solo las flores han permanecido juntas todo este tiempo.

Desde siempre me han gustado las flores blancas, especialmente una: la reina de la noche (*Regina nopții*), que florece todo el verano. Cada vez que la veo recuerdo mi infancia. Cuando vivían mis padres solía ir al pueblo con bastante frecuencia. Ya no había tantos perros como antes y tampoco les tenía tanto miedo, o eso pensaba. Mis padres ya no están, pero la casa, con mis recuerdos y temores, sigue en pie, allí a la orilla del río… En lugar de mis padres, ahora vive y cuida de ella la hija de mi primo con su familia.

***

Hace cinco años, cuando me fui unas semanas de vacaciones, a mi esposo le sucedió un acontecimiento; un encuentro con alguien que nos cambiaría la vida por completo. Alguien que, ciertamente, apareció para ayudarme a sanar los miedos que el tiempo no logró, porque las heridas emocionales solo sanan en la medida que damos y recibimos amor.

Por uno de su especie empecé a temer a todos sus semejantes y por otro comencé a amarlos a todos.

Dejé de temer y comprendí aquella célebre frase que dice: «Lo contrario al amor no es el odio. Lo contrario al amor es el miedo». **El miedo se controla, el pánico debe ser sanado.**

Aunque en los capítulos anteriores ya he hablado del miedo, me gustaría dedicar este a algunas ideas generales que van a completar lo que quiero dejar en claro sobre el tema. Después de todo, este es un libro de autoayuda también y mi intención es enseñarte que el miedo, aun en sus peores fases de fobia, puede sanarse con la ayuda del amor hacia ti mismo y hacia los demás; con el amor que das y lo que te permites recibir.

Todos sentimos miedo en algún momento de nuestra vida. Es una condición muy normal para nosotros, los seres humanos. «No es valiente quien no tiene miedo, sino quien sabe conquistarlo», decía Nelson Mandela. Todos, sin excepción, sentimos miedo. Es una emoción con la que nacemos y que, en ciertas situaciones, nos ayuda a protegernos del peligro y a ser prudentes. Sin embargo, en la mayoría de ocasiones los miedos son irracionales, tóxicos y limitan enormemente nuestro potencial.

La reacción ante un miedo específico es muy subjetiva. Es decir, reaccionamos de maneras diferentes ante una misma

situación, pero lo importante es cómo reaccionamos frente a los miedos que nos afectan. Para que me comprendáis mejor daré el siguiente ejemplo. Digamos que una persona sufre un terrible accidente de tráfico en el que casi muere. De ahora en adelante le va a resultar muy difícil subirse de nuevo en un coche. Si lo hace, va a reaccionar de forma diferente al resto de pasajeros ante un frenazo imprevisto o un posible choque. Eso no quiere decir que los demás no experimentarían miedo, sino que la persona que ya ha pasado por un incidente similar está condicionada, por lo que su reacción se manifestaría de manera diferente ante un nuevo accidente de tráfico.

Hay situaciones en las que sentir miedo es normal. Por ejemplo, si un ser amado sale solo a pasear por una zona considerada peligrosa, es completamente normal que sintamos cierto temor a que pueda pasarle algo. También es normal sentirlo cuando nos hacemos unos exámenes médicos y estamos inquietos por si algo sale mal. No obstante, existen personas que sufren pánico a las alturas, a los insectos, a que algún ser querido sufra un accidente, entre otros temores, sin que hayan aparecido por un evento en particular.

Existen casos de personas temerarias, una emoción contraria al miedo que resulta bastante peligrosa. No sienten miedo por nada, por lo que no ven peligro o riesgo en ninguna parte y se convierten en seres capaces de cometer actos crueles y poner en riesgo sus vidas.

También están aquellos que piensan que, aunque haya peligro, no les va a ocurrir nada malo porque ÉL los protege. Debemos ser prudentes y, por mucho que confiemos en que nuestro Creador nos protege, no debemos ponernos en peligro de manera consciente. Nuestra responsabilidad es cuidarnos, ser prudentes y sensatos.

Ninguna de las condiciones anteriores es sana porque no nos dejan vivir bien, como el caso de los que padecen miedo a todo.

Hoy quiero decirte que **todos, siempre que estemos dispuestos, podemos superar nuestros miedos y/o cambiar nuestra reacción ante ellos.** El cambio llega como resultado de una determinación nuestra o influencia por la ayuda de quienes están en nuestro entorno. En mi caso fue la llegada de Oly, mi perrita, que marcó el comienzo de mi sanación. Sin embargo, en ambos casos, el autoconocimiento es esencial. Es decir, saber qué es lo que nos ocurre, reconocerlo y querer superarlo. Este es el primer paso para sanar cualquier herida emocional.

Vivir con miedo

El miedo no es malo. Al contrario, en dosis pequeñas y razonables, nos hace tomar precauciones para alejarnos de un peligro potencial o luchar contra él. El miedo no es más que una simple emoción incómoda y pasajera. Cuando lo tienes bien identificado te das cuenta de que solo es una sensación corporal, por eso debemos permitirnos sentirlo. Obsérvalo e identifica cómo se manifiesta, en qué partes de tu cuerpo y cómo reaccionas. ¿Te sudan las manos? ¿Se te acelera el corazón? ¿Te tiembla la voz? ¿Te sonrojas? ¿Qué te sucede cuando sientes miedo?

El miedo es lo contrario del amor. Elige amar y confiar.

Para aprender a vivir con miedos sanos tenemos que entender que es un mecanismo de defensa. Eso NO quiere decir que, debido a que ya lo he superado, me voy a acercar sin precaución a un perro que parece agresivo (cuando hablamos de perros, debemos consultar siempre con los dueños antes de acercarnos o tocarlos).

Lo que sí debemos hacer—y te aseguro que es posible— es aprender a canalizar esos miedos y no dejar que se conviertan en una fobia que nos incapacite para vivir o amar, como me ocurrió a mí. Vivir de esa manera no es fácil. Sentirte limitado e incapaz, sentir que no eres libre y que hay como una pared que te impide mirar más allá o, en otras palabras, tener paz son señales de que hay una herida que necesitas curar.

En la literatura especializada hay numerosas sugerencias, trucos y consejos para aprender a superar los miedos. **Lo más importante para lograrlo es reconocer que hay un problema.** Si no aceptamos que ese miedo nos está haciendo daño y nos está limitando, pasaremos muy pronto al siguiente nivel donde el miedo se convertirá en fobia y ahí empezarán nuestros verdaderos problemas.

Entre los consejos para superar el miedo, o aprender a convivir con él, hay incluso remedios caseros. La naturaleza es muy sabia y nos ofrece una amplia variedad de hierbas como la tila, la manzanilla o la valeriana para hacer infusiones que nos ayudarán a calmar estados de ánimo complejos y nos harán sentir mejor. Sin embargo, la idea no es buscar un remedio externo que cure solo el cuerpo, sino apuntar hacia lo profundo de nuestro ser para sanar desde el interior hacia el exterior; cuando sanemos el interior, comenzarán a verse los cambios en el exterior. El miedo es un proceso interno y así debemos tratarlo.

El autoconocimiento y la aceptación, junto con el amor, son la cura más milagrosa para todos nuestros males.

Conocerse a uno mismo es clave para reconocer lo que nos hace daño. Una vez lo sepamos, podremos buscar soluciones y trabajar para superarlas. Debemos aceptar que las heridas emocionales forman parte de nosotros; Creer que podemos saltarnos este paso porque no podemos permitirnos estar tristes o por no saber gestionar una emoción no ayuda a sanar las heridas. Con amor podemos sanar muchos males, sobre todo, daños emocionales. Para recibir el apoyo de nuestros seres queridos tenemos que aprender a compartir lo que sentimos sin aislarnos ni ocultar lo que nos ocurre.

En mi caso, el amor de mi perrita fue lo que me ayudó a superar el mal que me había atormentado durante tantos años. Nunca me había atrevido a buscar ayuda, salvo la de mis padres, y esa fue una de las principales razones de que no pudiera seguir adelante, curarme y superar mi temor.

No debemos dejar que los miedos tomen el control de nuestra vida hasta el punto de no poder disfrutarla. El temor a salir, a enfermarnos, a subirnos a un avión, a que nos hagan daño, a las alturas, a que nos muerda un perro, etc., nos impide conocer nuevos lugares, disfrutar de la lluvia, viajar por el mundo o amar a un perro. No podemos dejar que el miedo nos impida vivir plenamente o disfrutar de las cosas sencillas de la vida.

Como seres vivos que somos, necesitamos conectar con el entorno. Como seres humanos, somos seres sociales, no hemos sido creados para estar en soledad. Por algo Dios nos buscó compañía y, en su perfecto orden, debemos interactuar con la naturaleza y ayudarnos los unos a los otros en un sano equilibrio, independientemente de nuestra especie.

Además, el miedo convertido en fobia y el estrés que nos genera pueden ocasionar importantes problemas de salud, tanto físicos como mentales. Si examináramos el gran número de personas que asisten a consultas psicológicas o psiquiátricas a diario, quedaríamos perplejos.

Si también consideramos el número de personas que tienen problemas cardiacos, de tiroides o incluso cáncer debido a causas desconocidas, estoy segura de que muchas de ellas han sometido su cuerpo a grandes dosis de estrés por causa del miedo, la fobia y/o el terror.

Me detengo un poco aquí porque es importante resaltar que **el miedo, aunque sea una enfermedad muy común, ataca no**

solo a la parte emocional y mental, sino también a la física. A través de las manifestaciones físicas descubrimos que ese miedo se ha convertido en una fobia. Muchas personas han muerto a causa del miedo, teniendo un infarto en medio de un ataque de ansiedad. También se ha demostrado que las personas diagnosticadas con enfermedades como el cáncer mueren con mayor probabilidad si entran en pánico y se derrumban por las circunstancias.

El miedo es una enfermedad terrible y silenciosa. Puede que tú también la estés viviendo sin que nadie a tu alrededor se dé cuenta. **Lo mejor es hablar con tus seres queridos.** Recuerda el dicho popular «*Las cargas compartidas pesan menos*».

Capítulo V

El mejor amigo del hombre

Canis lupus familiaris
«El perro es el único ser en la tierra que te amará más que a sí mismo».

Josh Billings.

Al leer mucho sobre el tema «el mejor amigo del hombre», y ahora teniendo a mi propia «mejor amiga del hombre», Oly, aprendí varias cosas. Ningún perro nace con problemas de agresividad, es la ignorancia y/o inexperiencia de las personas que lo cuidan lo que la provoca. Cuando no sabemos quiénes son, y lo que necesitan como especie, cuando los maltratamos o sometemos a una vida precaria y de sufrimiento, los hacemos temerosos e inseguros. La intensidad de la agresividad de un perro es directamente proporcional a su nivel de temor o inseguridad. Según especialistas en el área de la conducta canina, todas las especies de animales poseen su propia psicología; los perros no son una excepción.

La falta de ejercicio les produce un gran estado de ansiedad. No saben qué hacer con toda la energía acumulada y esto puede tener como consecuencia malos comportamientos. Sea cual sea la edad de tu perro, el ejercicio es fundamental porque lo mantiene sano, activo y feliz. Además, es un estímulo mental positivo para él.

¿Qué se puede hacer?

Enséñale a:

- **Caminar junto a ti siguiéndote el ritmo.** Establece contacto visual con él, tiene que seguir tu paso en todo

momento para evitar posibles accidentes. Pasear con tu perro es una forma maravillosa de quemar parte de su exceso de energía; también es bueno para su cuerpo y para su mente.

- **Salir de excursión.** A los perros les gusta ir a lugares nuevos; si hay nuevos olores y vistas, mejor. Es una buena forma de estimular a cualquier perro con pocas ganas de hacer ejercicio.

- **Correr.** Si tu perro está sano y le gusta correr, intenta ir a correr juntos. Si a un perro no se le da la oportunidad de gastar su energía o presenta algún tipo de desequilibrio, se puede llegar a una conducta agresiva en la que el perro ataque a cualquiera que le parezca débil.

Para tener perros felices, tenemos que entender cómo funciona la psicología canina. Los perros tienen escrito en su ADN el concepto de manada. Para ellos manada es sinónimo de familia. Lo interesante es que no es importante quién forma parte de ella; es decir, no importa si es exclusivamente de perros o también de humanos. Un perro equilibrado dará la vida por los miembros de su manada.

Para entender a los perros tenemos que verlos en el siguiente orden:

1. **Animal.**

2. **Especie.**

3. **Raza.**

4. **Nombre.**

El perro como animal

Los animales no utilizan palabras para comunicarse. En su lugar usan lo que definiríamos como energía: quién eres y qué eres en cada instante; es decir, qué transmites a los demás. Por citar un ejemplo: si has tenido un problema serio en el trabajo y tu jefe te ha gritado o te tiene al borde de la desesperación, cuando llegas a casa puede que tu familia no lo note, pero tu perro sabrá, sin lugar a dudas, que estás tensa y nerviosa; que te ha pasado algo.

Los perros son geniales a la hora de percibir el más mínimo cambio en nuestros cuerpos. Cada movimiento que hacemos, por pequeño que sea, tiene un significado y podemos observar enormes cambios en su comportamiento cuando está cerca del dueño. Un perro está programado para entendernos. Lleva en los genes el poder para descifrar nuestra expresión, nuestro lenguaje corporal y nuestros cambios de humor y de energía.

El hecho de permanecer de pie con los hombros encogidos en lugar de relajados, puede influir en que tu perro obedezca o no. El desplazamiento del peso corporal hacia delante o atrás, de manera casi imperceptible para un humano, es como un cartel de señalización para un perro; podríamos atraerlo hacia nosotros si está perdido o asustado o, al contrario, espantarlo y hacerlo huir.

Al respirar hondo o contener la respiración, se puede impedir una pelea entre perros o, al contrario, provocarla.

Aunque nuestras similitudes crean un vínculo asombroso, cada especie habla su propio «idioma» y es mucho lo que se pierde con la «traducción».

Las personas no dejan de malinterpretar los intentos de los perros por comunicarse. Muchos interpretan cualquier movimiento del rabo como una señal de amistad, pero un observador más experimentado sabrá que, si el perro está tenso, si enseña los dientes y menea lentamente la cola de lado a lado es lo contrario a la amistad.

El perro como especie

La especie es un determinante muy importante a la hora de entender a los perros. Cuando deciden adoptar a uno, en poco tiempo muchas personas llegan a considerarlo como un miembro de la familia, pero suelen ignorar que, en realidad, somos especies diferentes con necesidades muy específicas.

Los perros pertenecen a la especie *Canis lupus familiaris* y son familia de los lobos, por eso tienen grandes similitudes con ellos. Los perros también necesitan vivir en manada, pero, a diferencia de los lobos, no hacen ninguna diferencia si en ella solo hay perros o humanos. Así como los lobos trabajan para conseguir su comida, los perros también necesitan realizar algún trabajo. Esto está escrito en su ADN, lo reclama todo su ser, y no es nada complicado darle trabajo a un perro. ¡El trabajo más fácil para nuestro perro será esperar! Todos los animales esperan. La espera va intrínseca en su naturaleza, así que, por ejemplo, a la hora de alimentarlos nunca dejaremos que sean ellos quienes determinen la velocidad con la que les servimos. Preferiblemente antes de hacerlo, deberíamos esperar unos minutos; no bajar el plato durante unos instantes, hasta que el perro esté tranquilo.

El paseo diario podría ser considerado como otro trabajo. Caminar con los miembros de su manada y explorar los alrededores es algo innato en la especie *Canis lupus*, así que el salir de casa y volver es un hábito indispensable para nuestros perros.

El perro como raza

Al igual que en los humanos, la raza no determina el comportamiento del perro, como mucha gente podría creer. La raza nos enseña qué necesidades especiales tiene cada animal, ya que muchas fueron modificadas genéticamente con el fin de cumplir con ciertas expectativas. Por ejemplo, un pastor alemán cuya raza fue diseñada especialmente para buscar droga y/u objetos específicos, necesita caminar y explorar mucho más que un perro de raza pequeña.

El perro como nombre

En general, el nombre es muy importante para nosotros, pero para los perros no cuenta. Todos sus sentidos comienzan a desarrollarse con rapidez a las pocas horas de nacer. Nacen con el olfato despierto y los ojos se abren gradualmente, alcanzando la visión completa alrededor de las ocho semanas de edad. Un perro **huele, ve, escucha**, justo en ese orden.

Los sentidos son mucho más importantes para él que el nombre, que solo nos dará una orientación a nosotros; de hecho, es mucho más importante el tono que usas para llamarlo.

Otro dato muy curioso es que, al ser parte de una manada, siempre deben tener un líder. En una manada solo hay dos papeles posibles: **líder o seguidor**; todos los perros necesitan ocupar uno de ellos. Dicho de otra forma, todos los perros necesitan un líder y nunca se debe permitir que sea él —no importa el tamaño que tenga— quien ocupe ese puesto, debes ser tú quien lo haga. Por mucho que pienses que eso puede dañarle, no es así; él no sufre cuando asumes ese papel. Necesitan vivir en un lugar seguro y el papel del líder es cuidar de todos los miembros de la manada así que, al tomar ese lugar, le estás haciendo un favor. Además, igual que nuestros hijos, los perros necesitan entender cuáles son los límites y las reglas de la casa. Si no se los pones tú, lo hará él y acabará controlando tu vida.

Pero el dueño no solo tiene que liderar al perro, también a todas las personas que viven en la casa: desde el abuelo hasta el hijo menor. Los perros deben entender que el humano es quien tiene el control y no al revés. Un buen líder nunca ejerce violencia o maltrato. Al dirigirse a su perro, una palabra o una mirada debería ser suficiente para que obedezca. El respeto y la obediencia no se ganan por medio del miedo, sino siendo un verdadero líder, siempre firme y estable.

Algo muy interesante sobre los perros es que nacen con un nivel de energía muy baja que va creciendo: **muy baja, baja, media, alta, muy alta.** Por este motivo, necesitan un trabajo adecuado para su nivel de energía (diferente por cada raza). Si es muy baja, deberíamos, por ejemplo, caminar media hora. Si es muy alto, se recomienda caminar una hora, o tal vez más, y agregar juegos o ejercicios de adiestramiento.

Por último, pero no menos importante, es que todos, absolutamente todos, necesitan afecto. Tenemos que saber cuándo mostrarnos firmes y cuándo cariñosos. Por ejemplo, no podemos castigarlos por orinar en la alfombra o en el suelo y cinco minutos después darles amor o premiarles con galletas, ya que entienden el amor como una recompensa y de esta forma lo estás recompensando por su mala conducta.

Quizás todo lo que he dicho hasta ahora parece muy complejo, pero, en realidad, no lo es. La vida de los perros y la vida con ellos es muy sencilla, lo que pasa es que los humanos somos complicados. Los perros son prácticos, viven y disfrutan el presente y lo que tienen. La frase «vive el presente» define muy bien su manera de ver la vida; es decir, un perro no pierde el tiempo reflexionando sobre el pasado como hacemos los humanos ni pensando qué será de él en el futuro. Debemos aprender a ser más como ellos y a usar la memoria y los recuerdos sólo cuando nos sea útil.

Un perro aprende todo sobre ti y tu entorno, lenguaje corporal, rutina, etc., y lo usa para relacionarse contigo y saber qué esperar del día a día. Es importante que un perro tenga una rutina. En el caso de nuestra perrita sabe, por ejemplo, que si son las ocho de la tarde es hora de dar un paseo, que después de la caminata vespertina o matutina debe tomar su medicación y luego recibirá algunas golosinas. Ellos viven el presente, pero su organismo y su memoria les permite saber qué esperar del día que viven: hora de comida, hora de jugar, hora de paseo, etc. No guardan resentimientos ni rencores; no sienten envidia ni piensan que vivirían mejor en una casa más grande; tampoco reflexionan sobre lo que les pasará cuando sean viejos.

Un perro recordará que fue abusado en el pasado simplemente para evitar que vuelva a ocurrirle. Un ejemplo desde un punto de vista práctico: «si veo una escoba, debo alejarme o ladrar para evitar ser golpeado con ella», pero no pensará: «pobre de mí, estoy deprimido por el pasado que tuve, lo inhumano que fue el que me golpeó…».

Es importante saber que todos los perros nacen equilibrados, son las circunstancias posteriores las que determinan si siguen equilibrados o sufren un cambio mental y físico que los transforma en perros desequilibrados. Son parecidos a las personas en los aspectos psicológicos (también sufren depresión, ansiedad, fobias, etc.), que pueden hacer más frecuentes sus problemas de conducta.

Un perro puede estar desequilibrado por diversos motivos, aunque, la mayoría de las veces, este desequilibrio está causa-

do por los humanos. Los separamos antes de tiempo de sus madres, no les enseñamos desde cachorros a que tengan una buena comunicación y relación con otros perros, no aprenden los límites sociales de la familia a la que pertenecen, no se les enseña quién es el líder de la manada, etc.

Para tener un perro equilibrado se recomienda no tenerlo fuera de casa durante mucho tiempo, atado a una cadena. Esto le ocasionará problemas de frustración y estrés. El perro debe recibir un trato amable y respetuoso y una educación adecuada. En ningún caso debe recibir castigos físicos o acciones que puedan afectar su estado mental. Lo que tenemos que hacer es imponernos como el líder, marcar límites y respetar las reglas. Además, proporcionarles un trabajo, como salir a caminar y, sobre todo, darles afecto. Así tendrás un perro feliz de haber cumplido con su misión y que nunca te dará problemas.

Ningún perro es malo ni ataca por maldad. Somos nosotros quien, sin entender el lenguaje canino, cometemos grandes errores tácticos que muchas veces pueden terminar con un ataque. Lo que se conoce como perros muy peligrosos, en realidad son el resultado de nuestra inexperiencia, que hace que un perro se vuelva salvaje y ataque a otros animales o a cualquier persona que le parezca más débil que él.

Capítulo VI

Olivia

Esos ojos tiernos que me miraban suplicantes
parecían preguntarme:
¿qué tengo que hacer para que me ames?

Cuando mi esposo me presentó a la cachorrita Olivia parecía que estaba viendo una foto o una película con perros. Al principio me pareció graciosa, era muy juguetona. Me la mostraba todos los días cuando hablábamos por videollamada porque yo estaba de vacaciones en mi país.

Un amigo de mi esposo tenía una casa con un gran olivar en un pueblo cercano y se fueron allí a pasar unos días. De camino se detuvieron para hacer unas compras y cuando volvieron al coche para continuar el viaje escucharon un gemido que parecía pedir ayuda; así encontraron a la cachorrita. Estaba en una caja de zapatos, metida en una bolsa de plástico, debajo de la rueda del coche. ¡Qué crueldad!

Mi esposo la tomó en brazos y la llevó a casa de su amigo. Estaba muy asustada y tenía mucha hambre, así que lo primero que hizo fue darle de comer. Cuando su amigo la vio tan pequeña y lo rápido que engullía, bromeó y le dijo a mi esposo:

—Déjala comer lo que quiera y como quiera, para que, si muere, al menos lo haga alimentada.

La cachorrita se quedó con ellos; ahora ellos eran su mundo y parecía estar muy contenta con su nueva vida. Así empezó la amistad entre ella y mi marido. Él la nombró Olivia debido a que la encontró muy cerca de los olivos, aunque con el tiempo todos la llamamos Oly. Hablábamos casi todos los días y, entre otras cosas, siempre me contaba lo simpática y juguetona que era, lo que disfrutaba al jugar con los gatos, etc.

Cuando volvió a mi casa, se la llevó. Me dijo que solo estaría allí unos días, hasta que encontrara a alguien que quisiera adoptarla. Yo acepté porque era un animal inocente e indefenso, no podía quedarse sola en la calle. Además, solo serían unos días y yo todavía estaba fuera. Pero un día, en una de las llamadas, mi esposo me sorprendió con la propuesta de quedársela. Ni siquiera quise escucharlo hasta al final, le dije que buscara a alguien a quién le gustasen los perros y se la diera porque yo no la quería en la casa cuando regresara de mi viaje. En ese momento me coloqué una «coraza» para proteger mis creencias y emociones. No quería que él supiera que la sola idea de vivir cada día con el mayor de mis miedos me paralizaba, así que me refugiaba en la excusa de que no me gustaban y que no quería tener perros en casa.

Como me vio muy convencida, y era consciente de mi miedo a los perros, me prometió que encontraría a alguien que la amase y cuidase antes de que regresara a casa. Volví unas semanas después y, por supuesto, la cachorrita seguía en nuestra casa. Ni siquiera sabía cómo proceder. Por un lado, sentía lástima por ella, pero por otro le tenía miedo. Al pensar en que debería vivir en la misma casa que un perro, incluso si era una tierna cachorrita, me entró el pánico. Mi esposo me dijo que había preguntado en todas partes, pero no había encontrado a nadie. Me parecía muy extraño que nadie la quisiera, especialmente porque era muy hermosa y amigable.

Pensándolo bien, y ahora que ha pasado el tiempo, creo que mi esposo no quiso dársela a nadie; quería que se quedara con nosotros. Salía a buscarle otro dueño como esas personas que salen a buscar trabajo esperando no encontrarlo jamás.

Por mucho que lo intentaba, no me acostumbraba a la idea de que tuviera que vivir con nosotros, aunque fuese por poco tiempo. Estaba cada vez más ansiosa y no sabía qué hacer, así que seguimos con «el proceso de búsqueda» de un nuevo dueño.

Las cosas eran más complicadas de lo que parecían y no entendía mi actitud hacia ella. No podía tocarla, mucho menos soportar que ella tocara o lamiera mis manos y, a pesar de eso, me seguía a todas partes, incluso a la cocina. Se sentaba debajo de la mesa mientras yo cocinaba, lo que no me gustaba en absoluto. Dondequiera que iba, ella venía detrás como un guardia. Me ahogaba con su continua presencia.

Me avergonzaba contarle a mi esposo o a mis hijos lo que pensaba, lo que pasaba en mi interior, así que me limité a decir que no la quería en casa. No quería que pensaran que era mala o insensible, que no amaba a los animales. Mi esposo sí que la amaba mucho y no quería dársela a nadie, pero no tenía más remedio si yo no la quería. Recuerdo que la llevaba en el bolsillo de una camiseta, ¡así de pequeña era! Ante mi insistencia, iba todos los días al paseo marítimo, donde la gente solía pasear a sus perros, con la esperanza de encontrar a alguien que la quisiera.

Hablando un día con nuestra hija por teléfono le conté la historia de la cachorrita. Ella vendría de vacaciones en unas pocas semanas. Cuando la vio a través de la videollamada le encantó y me preguntó:

—¿Por qué quieres darla? No se la des a nadie, déjala hasta que yo vaya.

No sé qué le dije en ese momento; de hecho, creo que no supe qué contestar… Así que decidimos esperar unas semanas más.

Nuestro hijo, que vivía en Rumanía, cuando la vio a través de una videollamada también dijo:

—Déjala un poco más, hasta que yo vaya de vacaciones.

¿Cómo decirle que no podía esperar tanto? Vendría de vacaciones varios meses después, aun así, decidimos, por segunda vez, esperar un poco más con la búsqueda de un nuevo propietario para Oly. Era como si todo se dispusiera de tal manera que, a pesar de que lo deseara, día a día se generase una excusa que

impidiera que saliese de nuestras vidas. Durante la espera me fui acostumbrando a su presencia. Aún no podía tocarla, sacarla a pasear o jugar con ella. Ni siquiera limpiaba cuando, por casualidad, orinaba en la casa. El tiempo siguió pasando y, forzada por la situación, conseguí bañarla. Mi esposo solía hacerlo, pero necesitaba asegurarme de que estuviera limpia. No por que empezase a quererla, sino «para que nuestra casa no oliera a perro».

Cuando la bañaba la veía mojada e indefensa... Temblaba de miedo bajo el chorro de agua y me clavaba esa mirada que parecía hipnotizarme. Se aferraba a mí como si buscara un refugio y podía sentir el latido de su corazoncito asustado porque no sabía lo que le estaba pasando. En esos momentos tan delicados me daba tanta pena que me entraban ganas de llorar. No lo sé, probablemente lo hice en alguna ocasión. Era como si me doliera el alma.

Curiosamente, aunque no la amaba, esperaba encontrar a alguien que sí lo hiciera. Quería entregarla a una persona que le diera el amor que ella se merecía. Pensar en dársela a alguien que no la amase o que pudiera tratarla con crueldad me hacía sentir culpable e infeliz.

Era muy interesante mi forma de actuar: no la quería en casa, pero tampoco quería que la tuviera alguien que no la amase. Necesitaba asegurarme de que estaría bien, amada y cuidada. No podía permitir que creciera como aquellos perros de mi pueblo, sin nada de amor.

Al principio, mi esposo era el único que la cuidaba, la alimentaba, la bañaba, la llevaba al veterinario y salía con ella todos los días a pasear todo lo posible. Cuando regresaba, antes incluso de que entrase por la puerta, yo le preguntaba:

—¿Qué hiciste? ¿Encontraste a alguien que la quiera para dársela?

Mi esposo cada vez se ponía más triste. Se había acostumbrado a ella y la quería tanto que le resultaba muy difícil separarse

de ella. Era muy hermosa y simpática, todo el mundo la quería menos yo. Los niños se paraban cuando la veían, siempre querían tocarla. Muchos incluso le tomaban fotos y ella se dejaba querer.

Un día, pensando que mi esposo ya estaba harto de que le hiciera la misma pregunta todos los días, decidí hacerlo con menos frecuencia. Tenía sus problemas y estaba bastante molesto por tener que darla, así que al final dejé de preguntar.

Recuerdo que un día mi sobrina me preguntó si le permitía llevársela a su casa.

—Por supuesto —le respondí, pero en mi interior pensé «puedes quedártela si quieres».

Por supuesto, mi sobrina no sabía lo que pensaba en ese momento.

Las cosas se habían complicado en nuestra casa. Mi marido estaba afligido y yo sufría porque era por mí culpa. No quería hacerle sufrir, pero, al mismo tiempo, yo sufría porque la perrita seguía en nuestra casa. Estaba cansada de no encontrar a nadie que la quisiera y no sabía qué hacer con la situación. Por mucho que lo intentaba, no entendía a mi marido. ¿¡Cómo podía sentirse así por un cachorro!? Él no quería reconocerlo, pero yo lo sabía. ¡Sufría y no me decía nada! La idea de separarse de ella y dársela a alguien lo dañaba, y mucho.

Un día de noviembre, mi esposo encontró por fin a una familia con dos hijos que querían un cachorro. Conocían a Oly de sus paseos diarios por el paseo marítimo y les gustaba mucho. La cachorrita habría sido un buen regalo para sus niños; el padre, el dueño perfecto. Toda su familia amaba mucho a los perros. Nosotros habríamos estado en paz porque no la habríamos abandonado, al contrario, estaría en buenas manos y, de ese modo, yo tendría la conciencia tranquila de no haberle hecho más daño del que ella había sufrido ya.

No obstante, y por mucho que yo lo desease, tuvimos que esperar a que vinieran nuestros hijos; tenía que cumplir mi promesa.

Cuando mi hija finalmente vino de vacaciones, se enamoró de ella. Se hicieron amigas muy rápido. No consentía escuchar nada sobre dársela a otras personas. Ante su insistencia, y para que nadie se molestara, decidimos quedárnosla durante un tiempo.

Mi hija estaba encantada con Oly. Le tomaba muchas fotos y videos y jugaba con ella. La perrita la amaba —y sigue haciéndolo— muchísimo. Llora mucho, como una niña, cuando mi hija se va y está muy contenta cuando viene de vacaciones. Es muy curioso cómo la reconoce, no importa el tiempo que pase fuera, para Oly es como si solo hubiese pasado un día.

Lo mismo pasa con mi hijo. Cuando llega a casa del trabajo salta sobre él como si lo estuviese abrazando y besando. Solo aporta alegría esta perrita. Lo espera en la puerta, aunque llegue tarde; sabe cuándo viene y no se mueve de allí hasta que la acaricia. En realidad, toda la familia la ama mucho. Con mis sobrinos igual y ella responde con el mismo amor a todos. Mi sobrina, siempre que tiene la oportunidad, le hace «sesiones de fotos», aunque primero tiene que regalarle algo de la nevera.

Algunas veces tenía ganas de acercarme a ella, tenerla en mis brazos…, pero no podía. Solo de pensar en tocarla me recorría un escalofrío. No le contaba nada a mi esposo —ni a nadie— de lo que sentía. No lo hacía porque estaba convencida de que no me entenderían.

Oly siempre estaba a mí alrededor. No podía soportar que se me acercara o me tocara, pero ella, tan pequeña, no entendía nada. O ¿quién sabe? Puede que sí lo hiciera y por eso insistía. Aprovechaba cualquier oportunidad para lamerme las manos o los pies. Yo la empujaba con suavidad y me lavaba rápido, como si fuera algo peligroso. Siempre tenía mucho cuidado de no golpearla ni dañarla, ya que sentía lástima por ella; era un alma inocente e impotente. Sus ojitos, aterciopelados y húmedos —parecía que una lágrima gotearía en cualquier momento— me observaban con gentileza y sumisión, como si quisiera hacer cualquier cosa para complacerme.

Tenía la impresión de que entendía lo que sentía por ella, que sabía que no la quería en casa y parecía preguntarme: «¿Por qué quieres entregarme a otra persona? ¿Por qué no quieres quedarte conmigo?». ¡Preguntas muy lógicas para un perro! **Esos ojos cálidos me miraban, inquisitivos y suplicantes como si me preguntasen: ¿qué debo hacer para que me ames?**

Cuando orinaba dentro de la casa por accidente, me miraba con mucha ternura, luego miraba el charco en suelo y volvía a mirarme como diciendo: «¿Vas a castigarme? ¡Yo no quería, no sabía dónde hacerlo! Por favor, perdóname». Estos episodios me ponían muy triste; sentía unas ganas enormes de llorar. No sabía ni cómo proceder. Era la primera vez en mi vida que tenía un perro y no sabía cuáles eran sus necesidades. Además, a eso había que sumar que, aunque Oly era tan pequeña como una pelotita, yo le tenía mucho miedo.

Probablemente, Oly entendía lo que yo le transmitía con mi comportamiento; es decir, que no la quería. Entonces, ella empezaba a ladrar como si quisiera demostrarme que ella sí me amaba y que no quería hacerme daño. Su ladrido era tan agradable que alguna vez me hizo reír.

A veces quería establecer una «conversación» conmigo. Cuando veía que no tenía éxito, se refugiaba en los brazos de mi esposo. Con él se sentía segura y lo seguía a todas partes muy contenta.

Con el paso del tiempo me di cuenta de que en mi interior empezaba a surgir un sentimiento de amor hacia ella; o tal vez comenzaba a aceptarla, pero aún sentía ese miedo, lo que hizo que me preguntase: «¿Es posible superar el miedo a los perros?».

Ahora, después de esta experiencia, puedo decir con todo mi corazón que sí, es posible superar el miedo a los perros. **Es importante reconocer este miedo, aceptarlo y, por supuesto, querer superarlo.**

Creo que **¡si te deshaces del miedo a los perros, puedes deshacerte de cualquier miedo!**

Ahora puedo decir que el miedo a los perros fue un ejercicio extraordinario.

Capítulo VII

Superando el miedo con el mejor de los aliados: el amor

«Me libero en este momento de todos los traumas de mi infancia y vivo en el amor».

Louise Hay.

Habían pasado unos meses y la perrita seguía con nosotros. Ocasionalmente, me animaba y me decía: «¡Acércate un poco más a ella!». Quería entender y aceptar esa frase que se convirtió en una obsesión para mí y que había oído miles de veces: **«El perro es el mejor amigo del hombre».**

«Por algo es tan famosa esa frase; ¿será verdad?», pensaba.

Muchas veces en la vida existen situaciones que escapan a nuestro control y, de alguna forma, Dios lo había dispuesto para que sanara ese conflicto que me impedía, desde muy temprana edad, ser del todo feliz. Siempre he estado rodeada de gente maravillosa, pero nunca había podido abrirme para curarme. Oly llegó a mi vida para ayudarme y, por más que me esforzara en sacarla de mi casa y de mi vida, algo lo impedía. Era como si esa decisión no dependiera de mí.

Las razones que me han hecho quedarme con Oly

1. Un milagro acontece.

Mientras esperábamos a que nuestro hijo viniera de vacaciones, sucedió algo extraño que cambiaría la situación para siempre: De repente, Oly enfermó. Estaba bien, jugando con su juguete hasta que se sentó en su cunita y su salud cambió.

Ya llevaba unos días decaída, dormía más y ya ni probaba la comida que tanto le gustaba. Con lo alegre y juguetona que

solía ser, ahora simplemente se quedaba acostada en su cunita con los ojitos cerrados; casi no se movía. Mi esposo estaba muy preocupado, no sabía qué hacer. Como era tan pequeña, le daba agua con una jeringa para que no se deshidratara. Al final la llevó al veterinario, que le recetó un medicamento, pero no se recuperó. Al contrario, empeoraba cada vez más. Parecía que estaba a punto de morir. Cuando la vi en esta situación, y a mi esposo desesperado, sufrí por ella. No sé cómo, pero me olvidé del miedo y de todo, la tomé en mis brazos, la abracé contra mi pecho y le dije llorando:

—¡Oly, por favor, no te mueras! ¡No te entrego a nadie! ¡Te quiero! ¡Por favor, no te mueras! ¡Te prometo que no te daré a nadie!

No sé si Oly entendió algo de lo que le dije, lo que sí sé es que se recuperó milagrosamente. Mientras escribo este libro y revivo esos momentos, me dan ganas de llorar. Recuerdo que me senté con ella en mis brazos durante más de una hora. Ella se aferraba a mí y yo empecé a acariciarla mientras le repetía que la quería. Entonces, poco a poco empezó a moverse y a levantar la cabecita hasta que tuvo fuerzas y quiso bajarse de mi regazo... Y así se curó. Aún hoy sigo sin poder explicar ese fenómeno. ¿Cómo se recuperó?

Fue entonces cuando empezó nuestra amistad. Me di cuenta de que **lo que a ella le faltaba era mi amor.** Si alguien me lo hubiera dicho, no lo hubiese creído. Jamás habría pensado que estos animales necesitan tanto nuestro amor.

Viendo lo sucedido, aquel «milagro», quería aprender más sobre los perros y empecé a estudiar, a leer artículos y a ver videos sobre cómo actuaban. Una cosa que me impresionó es que un perro puede decidir dejar de comer únicamente para llamar tu atención y la manera de solucionarlo es darle mimos. **¡Si tu perro te reclama, disfruta de su compañía y dale muchos mimos!** Si no prestas atención a las necesidades de tu perro, si estás siempre muy ocupado para compartir tu tiempo con él, se pone triste. Por ello, llévalo a pasear contigo, hazle una caricia y permítele dormir a tu lado o cerca de ti; dile cuánto lo quieres y admiras, prepárale una comida casera y muy sabrosa... Simplemente, no pierdas la oportunidad de devolver un poco el infinito amor que te regala cada día.

2. Descubro una triste realidad.

Aunque prometí quedármela, de vez en cuando se me pasaba por la cabeza que quizá sería mejor dársela a alguien o llevarla a un refugio de animales donde pudieran adoptarla. Sin embargo, en una conversación con unos amigos sobre esa posibilidad, me dijeron que si al transcurrir unos meses nadie la adoptaba, la sacrificarían. Este pensamiento me aterrorizó. No podía aceptar algo así. La idea de que ella muriera por mi culpa, solo porque yo experimentaba miedo en su presencia, me ponía muy triste **¡Y así continuamos nuestra vida juntas!**

De aquella conversación también me quedé con algo muy interesante: cuando adoptas a un animal, le salvas la vida. Por eso, **piensa siempre en adoptar**. Al hacerlo le das la oportunidad a un animal sin hogar de que tenga uno y de ser amado por su nueva familia.

3. *Coaching.*

La idea de dar a Oly en adopción seguía sin desaparecer por completo de mi mente. Ya tenía casi un año y no dejaba de crecer, algo que a mí no me gustaba. A menudo le preguntaba a mi esposo cuánto más iba a crecer. Él me había asegurado al principio que era una perrita de tamaño pequeño, pero al final resultó ser de tamaño mediano.

Me apunté a un curso de *coaching*. Un día, la instructora habló sobre el amor a los animales y lo bueno de tener una mascota; cuánto amor nos ofrecen. También nos explicó que podíamos aprender de nuestras mascotas lo que significa el amor incondicional y verdadero. Fue entonces cuando me di cuenta de que yo amaba a Oly, pero aún no había superado mi miedo a los perros.

Entendiendo lo que me estaba pasando, y sin decir nada a nadie, comencé un largo proceso de trabajo conmigo misma. Ahí fue cuando comprendí que podemos sanar cualquier miedo, incluso el ocasionado por un trauma del pasado como el mío. Entendí que **todo se puede curar si uno quiere.** Lo importante es tener el valor de reconocer que tienes un problema.

Como era de suponer, querido lector, nos quedamos con la perrita. Ahora, después de cinco años con mi amada Oly, estoy convencida de que **el perro es el mejor amigo del hombre**; o de la mujer en mi caso. 😊

¿Por qué os cuento todo esto? Porque lo he vivido y tengo una maravillosa experiencia. Y porque quiero ayudar a otras personas que están en la misma situación. Intentemos mirar al perro con otros ojos, como un verdadero amigo del hombre o, propiamente dicho, ***¡el mejor amigo del hombre!***

Capítulo VIII

Un mundo con nuestros perros

Si no puedes amar a un perro como a un miembro de tu familia, no tengas uno. Porque los perros solo saben mirarte como a un miembro de su manada y, para ellos, eso es la familia.

Hoy en día, segura de haber superado mi miedo, quiero aseguraros que los perros ofrecen una gran compañía, se hacen querer e incluso sirven como terapia, como en mi caso. Gracias a Oly pude superar mi pánico y la amo tanto que la considero parte de la familia; cuido de ella como de cualquier otro miembro. Quienes tenemos o hemos tenido alguna vez un perro sabemos que incluso se convierten en nuestros mejores amigos. Por desgracia hay personas que los maltratan, los consideran seres inferiores o les tienen miedo. Esto se debe al desconocimiento, al hecho de no entender cuál es la esencia de los perros ni el valioso lugar que ocupan en este mundo. Son almas que sufren por nuestra ignorancia y muchas veces también por nuestra inconsciencia y/o falta de humanidad o de amor. Me faltarían páginas para explicar lo que supone el maltrato animal causado por la crueldad de algunas personas que no tienen corazón. Esta crueldad la conocimos mi marido y yo de cerca el día que encontró a la cachorrita. Alguien la había abandonado a propósito y sin conciencia. No quiero ni imaginar el horrible destino de Oly si mi marido y su amigo no la hubieran escuchado y hubiesen puesto el vehículo en marcha.

Miles de perros no corren la misma suerte y sufren un destino funesto. Existen asociaciones que rescatan animales y tratan de ayudarlos, pero no son suficientes para todas las víctimas de la crueldad humana. Lo peor es que a veces son los mismos dueños, a quienes el perro considera parte de su manada, los culpables de maltratarlo.

Hay una frase que se quedó grabada en mi memoria: «**Se necesita el mismo grado de maldad en el corazón y el mismo nivel de violencia para maltratar a un perro que para hacerle daño a un ser humano**». Jamás debemos confiar en quien maltrata a un animal, ya que podría hacer lo mismo a sus semejantes.

Necesité casi toda una vida para comprender qué me pasaba, por qué no lograba superar mi temor ni sanar. **Me bastó amar a Oly para entender a los perros.** Ellos no son malos; los malos son los humanos que los maltratan, que los llevan a vivir a sus casas y les hacen daño al no amarlos, al no darles lo que requieren como seres vivos.

La mascota más común es y siempre ha sido el perro.

¡Millones de personas a lo largo de la historia no pueden estar equivocadas! Se le ha denominado **«el mejor amigo del hombre»** gracias a su capacidad para acompañar, cuidar y divertir a las personas con las que vive. Un perro será tu amigo sin pedir nada a cambio. E incluso si no juegas con él, siempre será leal y nunca te guardará rencor porque siente y expresa un amor puro hacia sus amos, sobre todo si lo tratan bien.

El amor de un perro va más allá de todo lo que se ha podido decir o escribir. Existen historias de perros que han dado la vida por un miembro de su familia. Además, está comprobado que pueden sentir el dolor de las personas con las que viven; ya sea un dolor físico, como un terrible dolor de muela, o una tristeza profunda. Son capaces de percibir cuando sufrimos y siempre vienen a consolarnos.

Varios estudios demuestran que tener un perro como animal de compañía (o, mejor dicho, como miembro de nuestra familia) conlleva muchos beneficios:

1. Nos ayuda a llevar una vida más sana, ya que nos obliga a hacer ejercicio al sacarlos a pasear a diario, y a tener una buena vida social porque nos dan la oportunidad de conocer a otras personas durante nuestras caminatas.

2. Acariciar a tu perro reduce las frecuencias cardiacas y los niveles de colesterol en las arterias, lo que disminuye los riesgos de sufrir un ataque cardiaco.

3. Tener un perro reduce los niveles de estrés al jugar con él, al acariciarle o simplemente al recibir su cariño incondicional. Serás una persona menos estresada, más tranquila.

4. Hacen tu vida más feliz. La soledad es el peor enemigo para nuestro cuerpo y mente. Con un perro en casa nunca estarás solo, él no te dejará; su compromiso contigo es por toda su vida y se lo toman muy en serio.

5. Un perro te brinda seguridad porque te alerta de cualquier presencia extraña en casa. Además, suelen ser muy protectores con su familia, así que siempre te sentirás acompañado y seguro.

6. Está comprobado que, aunque puede ser un inconveniente para las personas alérgicas, tener un perro en casa ayuda a los niños a desarrollar menos alergias, ya que se vuelven resistentes a algunos de los agentes que las causan.

7. Tener un perro nos hace más responsable, a nosotros y a nuestros hijos, ya que implica realizar actividades diarias con ellos: sacarlos a caminar, darles de comer, jugar con ellos, bañarlos, limpiar cuando ensucian…, entre otras actividades necesarias para el desarrollo sano y equilibrado de este gran miembro de nuestra familia.

8. Un perro feliz siempre traerá alegría en tu vida; te entretiene y jamás permitirá que te aburras, en especial si has vivido solo durante mucho tiempo. Notarás una gran diferencia en tu vida.

9. Despierta tu sensibilidad. Incluso si ya eres una persona sensible, amar a tu perro como a un miembro de la familia despierta un tipo especial de sensibilidad que se reflejará tanto en otros animales como en otras personas.

Todos los que hemos tenido o tenemos un perro hemos aprendido que trae felicidad porque cambia nuestras vidas para mejor e incluso mejora nuestra salud. A veces escucho a otras personas decir cosas como: «Es solo un perro», «No es para tanto si enferma», «Estás obsesionada, ¡no es una persona!»... Es normal que piensen así los no amantes de los animales o los que nunca han tenido una mascota. Y nunca entenderán los sentimientos que surgen hasta experimentarlos.

No puedo decir que nuestras vidas fueran tristes y monótonas antes de que llegara Oly, nuestra fiel cachorrita y amiga incondicional, pero ahora son totalmente diferentes. Desde que la tenemos, somos más felices, nos reímos mucho todos los días; horas y horas de buen humor. Simplemente verla mordisquear avellanas o nueces como una ardilla, comer semillas de girasol o palomitas de maíz, disfrutar de un pimiento rojo o verde nos divierte sobremanera. Hay días que nos reímos durante minutos; incluso si nos preocupa algo; los pensamientos adversos desaparecen en su presencia. **Ahora es inconcebible pensar en nuestras vidas sin ella.**

Le gusta cualquier tipo de comida, en especial la que solemos servir cada día; ¡quiere comer de todo! Le encantan las golosinas para perros. Siempre le damos un caprichito o la premiamos por sus buenas conductas.

Quisiera detenerme un momento en el tema de la raza de los perros porque, debido a la ignorancia de muchas personas, se cree que una raza vale más que otra; o que un perro que no es de raza pura, sino mestizo, carece de valor. Permítanme intentar quitarles ese falso paradigma: todos los perros son especiales; ¡todos! Juzgarlos por su raza equivale a creer que un ser humano vale más que otro debido al color de su piel. En un perro, su raza solo va a determinar sus necesidades. Por ejemplo, un pastor alemán necesita caminar más que un terrier. No etiquetes nunca a un perro por su raza, sería cruel. Nuestra perrita no es de raza y no podríamos amarla más, aunque lo fuera. Cuando la encontró, para mi marido fue amor a primera vista. Hemos aprendido muchas cosas de Oly sobre el significado de la lealtad, el amor, el coraje, el sacrificio y la confianza.

Devoción, coraje y amor

El perro ama a los miembros de su familia con verdadera devoción. Existen muchas historias hermosas sobre la amistad entre el hombre y el perro. Nos haría bien amar como nuestro perro nos ama.

Un refrán que me gusta mucho es: «Un día Dios dijo "amarás a tu prójimo" y solo el perro entendió».

Los perros no necesitan lujo ni extravagancia para ser leales, no te aman por los valores materiales que posees o por las camas o juguetes costosos que puedas comprarles, te aman porque son así; porque eres tú. Todo lo que piden es amor. **Mi Oly enfermó por falta de amor y se recuperó con amor.**

Recuerda: el perro no es un juguete ni un accesorio; tampoco un instrumento para hacer dinero a costo de su sufrimiento.

Es un ser que tiene sentimientos. Basta ver sus ojos para darse cuenta. Hago referencia a esto porque se ha vuelto muy común entrenar perros para peleas con otros perros. Los hacen sufrir mucho para ganar dinero con las apuestas. Y, para colmo de males, si no ganan las peleas los ejecutan sin compasión. Los más afortunados terminan en refugios, pero, al no ser adoptados, los sacrifican por tener problemas de agresividad derivados del maltrato que sufrieron a manos de sus antiguos dueños. **¡Ya basta de crueldad!**

Cuando veas perros en la calle o incluso en un refugio de animales, no los alejes, no los ignores. Han sufrido y sufren mucho; han pasado frío, hambre y maltratos; pero, sobre todo, sufren por falta de amor.

Si algún día llega a tu vida un perro, ya sea porque decides adoptar o porque lo encuentras como mi esposo, **no olvides que ¡tú eres su mundo!**

Es verdad que un perro no vive demasiados años, pero te hará inmensamente feliz durante el tiempo que viva y solo de ti depende que tenga una vida plena y feliz. Haz de esos años los mejores de su vida y la tuya. Los perros ya no son solo parte de nuestra familia, sino parte de nuestras vidas. Los amamos y sabemos que nos aman. Nos hacen la vida más plena al traer alegría y felicidad al hogar. Si nunca has tenido un perro, ¿por qué no pruebas la experiencia? Adopta uno y conocerás sentimientos que ni siquiera sabías que podías sentir. Son pedazos de nuestra felicidad.

«No puedo prometerte que estaré contigo toda tu vida, pero sí puedo prometerte que te amaré toda la mía».

Un perro a su dueño.

Las mascotas necesitan tiempo y cuidados, pero sobre todo necesitan ¡amor! Los perros, en cualquier etapa de su vida, buscan tu atención y cariño; sin ello no serían los mismos. Dedica el tiempo que necesitan y dales todo tu amor, nadie te lo devolverá con la fuerza y la incondicionalidad con la que lo hacen ellos.

No elijas al perro más bonito del mundo, elige al perro que haga tu mundo más bonito.

Nuestra cachorrita, a los pocos meses de vida, empezó a padecer ataques epilépticos. Al principio no sabíamos qué le estaba pasando. Fuimos al veterinario y nos explicó lo que ocurría. Después de dos años, los ataques empezaron a repetirse con más frecuencia… El veterinario volvió a realizar una serie de pruebas para confirmar la enfermedad, por lo que ahora está en tratamiento. Desde la primera consulta, el veterinario nos recomendó muchas cosas; entre ellas, que debíamos esterilizarla. Y eso hicimos. La perrita tiene su pasaporte con todas las vacunas y pruebas al día. Por supuesto, todo esto costó y cuesta dinero, pero nada se puede comparar con el amor que nos ofrece. Hacemos todo lo posible por verla sana y feliz de nuevo; no podría soportar verla sufrir sin hacer hasta el último esfuerzo por su recuperación.

Como ya he mencionado, un perro mejora tu calidad de vida. Por más sedentario que seas, no vas a poder escapar de salir a pasear después de comer. Esto es beneficioso para la salud; aunque solo sean paseos breves para que el perro haga sus necesidades. Sin él no lo harías. Yo cumplo encantada mi responsabilidad de pasear a Oly. Y es que, ¿quién podría resistirse al entusiasmo de un perro que mueve la cola, se inquieta y te ruega que lo saques a pasear? Cuando quiere salir viene hacia mí y me empuja con su hocico mojado y pequeño tantas veces hasta que me levanto y nos vamos. Si ve que no me levanto, empieza a ladrar de manera diferente a la habitual. Y si no logra lo que quiere, busca a mi esposo, quien no le puede negar nada.

Está comprobado que la soledad causa muchas enfermedades que derivan de la tristeza. Los perros brindan compañía y son muy empáticos, pueden comprender tu estado de ánimo y reflexionar sobre tus emociones, de ahí el efecto terapéutico que tienen como mascotas.

Cuando llegas cansado del trabajo, te hace sonreír. Te pedirá insistentemente que juegues con él un rato y, si lo haces, no solo te librarás de todo el estrés, sino que le harás feliz. En mi caso, si por algún motivo estoy triste o cansada, la perrita se sienta a mi lado y no se mueve hasta que me ve mejor.

Gracias a Oly, mi esposo ha logrado tener una vida social más activa y ha formado buenas amistades, ya que antes le costaba un poco establecer conversaciones con otras personas. Ahora puede hablar con los dueños de otros perros en el parque o en el paseo marítimo.

¿Sabías que…?

Debido a la relación especial y antigua que existe entre el perro y el hombre, los especialistas creen que, a su manera, ¡los perros han tenido una contribución en la evolución de la especie humana!

He repetido muchas veces la frase «**El perro es el mejor amigo del hombre**», algo de lo que estoy convencida, pero ¿por qué lo son? Cada vez hay más estudios científicos a favor de esta afirmación: el perro le es muy fiel al ser humano. Es el único animal que ama a su dueño más que a sí mismo. Este ocupa el primer lugar en su vida. Un perro nunca te juzgará por tu apariencia. No le importará si eres bajo, alto, gordo, flaco, si vistes bien o no, él te amará para siempre. Y, aunque no le guste viajar, te acompañará a donde vayas. Si cruzas un río y a él no le gusta el agua, se mojará por ti. La lealtad de los perros llega a límites extremos.

Muchas personas hablan con sus perros usando un tono infantil, como si fueran niños; en especial cuando son traviesos. Yo también lo hago con mi perrita y parece entenderme. Disfruto tanto con nuestras «conversaciones»... Me divierte mucho cuando se levanta sobre dos patas para ver lo que estoy cocinando. Oly es mi mejor amiga y deseo que siga en mi vida para siempre.

Aunque los perros no hablan, se comunican constantemente y nos entienden. Mi perrita comprende todo lo que le digo y hago. Todas las mañanas, al despertarse, aguarda junto a mi cama a que me levante también. Después se tumba y gruñe alegre. Creo que es su manera de verificar si he dormido bien. Cuando madrugo, me acompaña a la cocina o al ordenador y sigue durmiendo a mi lado.

Si me marcho de casa, me despide en la puerta, después observa cómo me alejo desde el balcón y espera paciente mi vuelta. Apenas entro en casa, me saluda alegre para darme la bienvenida y espera que le dé algo de la bolsa. A veces le llevo lo que sé que le gusta. Este ritual lo hace con todos los miembros de mi familia.

Algunos días va sola a la puerta porque quiere salir a caminar. No le importa a dónde la lleve, al campo deportivo, a la playa, al paseo marítimo..., se comporta como una verdadera amiga: me escucha, no me interrumpe y, cuando se me acercan otros perros, se sienta a mi lado como si quisiera protegerme.

Gracias a su inteligencia, resulta muy fácil adiestrar a los perros. Oly conoce y comprende unas cuantas órdenes básicas. A veces me da la impresión de que disfruta escucharme darle alguna orden. Si presto atención a lo que hace, me divierto con ella en cada momento. Todas las mañanas, antes de salir a caminar, da vueltas en su cuna y hace algunos movimientos muy graciosos, como si estuviese bailando. Ante tanta alegría matutina, ¿cómo no tener un día maravilloso? ¡Y, por supuesto, todo el día lo es!

Dueños responsables, perros felices

Tener una mascota, sobre todo un perro, es muy bueno para los niños y los ancianos, pero cualquiera disfruta de su compañía y los ama fácilmente. Adoptar un perro implica una gran responsabilidad. Una lección muy valiosa para los peques de la casa, ya que aprenden la importancia de ser responsables al cuidar de otro ser vivo.

Con Oly, mi esposo y yo hemos consolidado más nuestra responsabilidad. Todos los días le damos la comida que necesita e incluso la premiamos ocasionalmente con golosinas para perros. Nunca le falta agua. La bañamos una o dos veces al mes, según lo necesite. La llevamos todos los días por lo menos tres veces a pasear, a correr o a jugar con otros perros.

Ser una persona responsable aumenta la autoestima y la felicidad. Para nosotros no hay nada mejor que un largo paseo con Oly en una mañana fresca de primavera; o en cualquier estación del año.

Durante el tiempo que los perros tienen permitido el acceso a la playa paseamos por la orilla del mar, admiramos el paisaje o jugamos a la pelota. A ella le gusta mucho que la tiremos al agua y luego la saca sola; espera tranquila y cuidadosa a que las olas la traigan e incluso se mete en el agua para sacarla. Ver su alegría cuando cogemos una pelota no tiene precio; sabe que es hora de jugar. En el parque, en el campo deportivo o en el pasillo de casa, corre tras la pelota y nos la trae de vuelta. Nosotros la felicitamos y aplaudimos, lo que la pone más contenta.

En ocasiones persigue su cola y se dobla como si se preparara para hacer gimnasia. Realiza todo tipo de trucos para hacernos reír. ¡Y lo consigue! Nos reímos minutos y minutos. Yo suelo cantarle. Ella se mueve al ritmo de la música y bailamos juntas.

En definitiva, desde que acepté a Oly como parte de nuestra familia, hemos tenido momentos felices y agradables. Por más que me esfuerce, no puedo describirlos con palabras porque son experiencias del corazón y solo se pueden entender al vivirlas. Incluso a la hora de relajarnos en casa nos sentimos mejor en compañía de la perrita. Mi familia está completa con ella, es nuestro complemento más fiel. El dicho «las mascotas, especialmente los perros, devuelven el amor que les muestras multiplicado por diez» no podría ser más cierto. Un perro nunca se enoja contigo, te ama aunque lo regañes.

¿Quieres tener un perro?

Ahora que ya tengo algo de experiencia me gustaría hacer unas recomendaciones a los que quieren un perro. Es importante pensarlo con detenimiento antes de llevar un perro a casa. No importa si lo has adoptado o encontrado en la calle, la responsabilidad es la misma. Puede parecer mucho trabajo porque es un compromiso para toda la vida, pero resulta muy reconfortante saber que le estás dando una vida mejor. Para él eres todo su mundo.

Debes prestar atención a su salud y bienestar, acudir al veterinario cuando es necesario, darle la comida adecuada según su edad y tamaño, bañarlo, sacarlo a pasear, jugar con él... Cuando te vayas de vacaciones puedes llevarlo contigo si es posible o dejarlo al cuidado de alguien. El perro no es un adorno que puedes colocar en algún lugar y quitarle el polvo de vez en cuando, sino un ser con las mismas necesidades que tú.

Cuando te sientas listo para llevar un perro a casa investiga primero y elígelo después de haber explorado varias posibilidades. Es un gran paso y no debes darlo a la ligera. Salvo que se trate de un caso extraordinario como el mío, deberías pensarlo muy bien y hablar con el resto de tu familia. En cierto modo, tu vida cambiará y tendrás que hacer cosas que no hacías antes. **Si no vas a amar a un perro como a un miembro de tu familia, no tengas uno porque un perro solo sabrá mirarte como a un miembro de su manada; y para ellos «manada» significa «familia».**

Se sinceró contigo mismo y pregúntate: ¿cuánto tiempo estarás dispuesto a sacar a pasear a tu perro? Si crees que no puedes dedicarle mucho, ya sea porque tu salud no te lo permite o por otras razones, ¿tu familia está dispuesta a echarte una mano? Si nadie puede, tienes que elegir un perro de energía «muy baja». Eso no significa que no debes llevarlo a pasear, sino que, como su nivel de energía es muy bajo, necesitará caminar menos y con menos frecuencia.

Ahora bien, ¿cómo reconocer el nivel de energía que tiene un perro? Un observador experto lo sabrá con mayor precisión. El cuidador o trabajador del refugio puede ayudarte. Tienes que ser muy sincero y abierto con él, explicarle si eres una persona muy activa o todo lo contrario, qué actividades disfrutas más… Si eres muy deportista y te encanta caminar al aire libre, entonces podrás acoger un perro de energía alta o muy alta.

No pretendo asustarte; en realidad, elegir un perro no es complicado. Y ellos tampoco los son. Los complicados somos nosotros. «Los perros son quienes eligen a sus dueños porque vienen a completar una parte de nosotros que necesitamos completa para ser mejores personas».

Para evitar problemas posteriores, debes saber que, aunque la raza no es importante, te indicará el nivel de energía y los requerimientos de tu perro. Un pastor alemán necesita salir a pasear más que un caniche o un buldog. Tu estilo de vida y el de tu familia deberían influir en la decisión del tipo de perro que te llevarás a casa.

Un perro no es un reemplazo

Un perro siempre nos enseñará a dar y recibir amor, pero no puede reemplazar el amor de otra persona; ni siquiera el de otro perro al que perdiste. Nadie existe para sustituir a otro o para llenar el vacío emocional dejado por alguien. Todos merecemos ser tratados como seres únicos e irrepetibles. Ahora, obviamente, un perro te ayudará a sobrellevar el sufrimiento porque encontramos consuelo y sanación en el amor (y así podremos superar más fácil las adversidades de la vida); sin embargo, debes darle la oportunidad de que te ayude por quién es y no usarlo como reemplazo. ¡Para él sería una carga muy pesada pretender ser alguien que no es con tal de cumplir las expectativas de su dueño!

Un consejo…

Cuando pierdes un perrito, reflexiona antes de acoger a otro porque, si emocionalmente no estamos preparados para verlo como a un ser diferente, es mejor esperar un tiempo para sanar.

La muerte de alguien no se puede superar, solo aprendemos a vivir con el dolor; ¡y un perro nos puede ayudar! Su amor nos consuela y nos hace sentirnos mejor. Así que recuerda: el papel de los perros es enseñarnos a amar, ¡no reemplazar a otros!

Quiero contarte un secreto: ¡tu perro te puede salvar la vida! Los especialistas en estudios veterinarios afirman que los perros poseen un sexto sentido con el que pueden detectar enfermedades graves sin diagnosticar. Además, son capaces de transmitir emociones muy positivas e incluso se han utilizado en terapias para enfermos.

A través de varios experimentos, se ha descubierto que los perros pueden señalar la zona del cuerpo humano donde existe un problema grave de salud al lamerla o dormir muy cerca de ella. **¿Qué dices? ¿No son absolutamente maravillosos?**

Los perros, como los humanos, son seres sociales. En ocasiones, desarrollamos problemas emocionales que nos impiden hablar y conectar con otras personas. El perro nos puede ayudar porque nos brinda una compañía sincera y es un gran confidente; le podemos contar lo que nos está pasando. Él nos comprenderá y hará todo lo posible para ayudarnos a superar el problema.

Podemos decir que los perros son como una especie de diario donde podemos «escribir» nuestros sentimientos más profundos.

La relación perro-dueño

Como en todas las relaciones, la estabilidad depende de ambos. El perro conoce bien su deber y ofrece el todo por el todo para cumplir su parte: entregarnos todo su amor y lealtad. Nosotros a veces ignoramos nuestro deber. **¡El amor es lo más esencial en una relación!**

El vínculo que tenemos con nuestros perros no es una excepción. Amar significa cuidar del otro y buscar su bienestar, por eso debemos cubrir las necesidades del perro. Participar en diversas actividades con él es la mejor forma de fortalecer la relación. Un perro requiere mucha atención, afecto y no debe ser descuidado de ninguna manera. Ya sea grande o pequeño, necesita un lugar propio al que enviarlo cuando hace alguna travesura. Y, sobre todo, necesita un líder que lo ayude a estar equilibrado y feliz. Al cubrir sus necesidades nos sentimos útiles por cuidar de alguien que nos necesita. Jugar con tu perro y verle corretear de alegría o esperándote feliz cuando llegas a casa es una gran recompensa. Te olvidas del malestar y el estrés y el cansancio pasa a un segundo plano.

Si me preguntas quién se beneficia más de esta relación no lo pensaría dos veces: nosotros recibimos mucho más de lo que les ofrecemos.

Nuestra Oly padece epilepsia y al principio me afectaba muchísimo verla sufrir cuando tenía ataques. No podía parar de llorar ni sabía qué hacer. Con el tiempo aprendí a controlar mis emociones. Aceptar su enfermedad y cuidarla es todo lo que puedo hacer. Sentir lástima por alguien nunca ayuda. De hecho, en el mundo animal la debilidad no debe alimentarse. Lo único que podemos hacer mi esposo, mis hijos y yo es amarla y darle todo lo necesario para llevar su enfermedad de manera digna.

La manifestación de la epilepsia puede durar desde unos pocos minutos hasta veinte o más. Abre los ojos, como si despertara, y se ve muy asustada. Necesita consuelo y cariño, pero es muy importante esconder nuestra preocupación. Si detecta que tenemos miedo, se preocupa más y empeora. Es lo que nos ha dicho el veterinario.

Al principio de la pandemia tuvo una crisis muy fuerte que duró casi una hora; pensé que se iba a morir. Nos asustamos tanto… Con ayuda de mis sobrinos Adela y Manuel, que siempre están presentes cuando los necesitamos, la llevamos al veterinario de urgencias porque era la una de la madrugada. Nos olvidamos del virus y de todas las consecuencias por salir de casa a esa hora.

La epilepsia es para siempre, pero muchas personas viven felices con sus perros epilépticos. Se trata de una enfermedad genética, no mental, y, por supuesto, nunca ha de ser motivo para abandonar o terminar con la vida de un perro. Él no tiene la culpa de padecerla y necesita mucho cariño para ser feliz. **¡No lo abandones por eso!**

Además de darles cariño, es importante la rutina, el juego diario y los mimos a la misma hora, día tras día; les gusta, los hace sentir seguros y mejora su estado de ánimo.

Al hablar de los problemas que puede desarrollar un perro hay que aclarar unos aspectos y enfatizar que un animal pequeño puede causar muchos problemas cuando no está equilibrado. Es la consecuencia de no liderarlo bien, de no saber cómo proceder ni satisfacer sus necesidades. Como dueño, puedes ser un buen líder para tu perro. Te garantizo que no se tomará a mal que lo corrijas; al contrario, te agradecerá que seas tú quien ponga las reglas y los límites. Recuerda que tiene el concepto de manada intrínseco en su ser y siempre debe haber un líder. No se trata de no dejar que juegue cuando él quiere, sino de establecer unas reglas básicas de convivencia. Si no lo lideras se descontrolará. ¡Dejar que tu perro sea tu líder equivale a dejar que tus hijos hagan lo que quieran y cuando quieran!

Muchos creen que después de corregir a un perro ya no amará a su dueño, por lo que insisten: «¡Sin corrección!, incluso si el animal está teniendo una actitud inaceptable». Al hablar de «corrección» no me refiero al castigo físico, ¡nada más lejos! Hablo de redireccionar su mal comportamiento.

El conductista rehabilitador canino César Millán recomienda a todos los responsables de un perro proyectar una energía o actitud tranquila y firme, y esto solo se logra si tienen confianza en sí mismos. Entonces debemos encontrar la manera de hacer que nuestro perro reaccione ante algo como un chasquido de dedos, un sonido o un silbido. El castigo físico solo acentúa los conflictos, generando frustración o nerviosismo; emociones negativas que pueden finalizar en agresividad.

Problemas de conducta que podemos generar en nuestros perros

Cuando adoptamos un perro, lo hacemos con las mejores intenciones y tratamos de darle todo lo que consideramos necesario. Muchos no sabemos qué necesita, desconocemos quién es y lo «humanizamos». Esto significa que lo privamos de su condición y lo obligamos a ser algo que no es. En consecuencia, aparecen lo que algunos rehabilitadores caninos llaman «dificultades», equivalentes más o menos a nuestros problemas psicológicos, como la fobia. Y tanto en perros como en humanos surgen problemas serios si no se corrigen o eliminan a tiempo.

Agresividad

Ser agresivo no es un estado normal en un perro, ni siquiera en los que viven libres en el campo. Los lobos tampoco suelen ser agresivos con otros miembros de su especie o con los seres humanos, salvo en caso de hambre extrema y prolongada.

Los perros se vuelven agresivos cuando les ocurren incidentes lamentables que crean desequilibrios debido a la ignorancia o a la falta de conocimiento de la persona responsable. **La agresividad es consecuencia del nerviosismo.** Un perro nervioso es aquel que ha sido tratado de forma agresiva o sometido a condiciones inadecuadas, como estar encadenado, tener sed o hambre… También otras dificultades, que veremos más adelante, pueden generar la agresividad si no se detectan y corrigen a tiempo.

Alto grado de hiperactividad

Como responsables de un perro, no podemos mezclar situaciones parecidas, pero muy diferentes: **cuando es feliz y cuando está hiperactivo.**

Cuando es feliz de verte tiene las orejas levantadas y mueve mucho la cola. La hiperactividad en exceso hará que salte sobre ti antes de que termines de entrar en casa y respirará fuerte y rápido debido a un ritmo cardíaco elevado. Si actúa de esta manera significa que tiene mucha energía contenida y no sabe cómo liberarla. Los perros hiperactivos, como todos los animales en la misma situación, necesitan hacer ejercicio. No debemos darles cariño en ese momento. El afecto representa una recompensa y, si están hiperactivos, refuerzas su comportamiento; les transmites que es correcto. Esto puede provocar consecuencias aún peores de controlar, como la fijación u obsesión. Es mejor esperar a que se calme antes de saludarlo y acariciarlo.

El perro hiperactivo no sabe qué hacer con el exceso de energía. Al llegar a casa después de unas horas puedes encontrar un desastre: destrozo de zapatos, muebles, plantas… Los adiestradores caninos sugieren dar un paseo con él, no dejarlo solo; y, al regresar, darle de comer. Así estará muy cansado y saciado, lo que le permitirá descansar mentalmente.

Jamás permitas que salte cuando quiera sobre ti porque para él significa dominio. **Si dejas que domine, ya no eres el líder** y no le estás dando todo lo que necesita para ser feliz y equilibrado.

Ansiedad

Es un trastorno que puede causar hiperactividad. En la vida natural o salvaje no es común que los perros, lobos u otros animales desarrollen ansiedad. En determinadas situaciones sienten miedo, pero jamás ansiedad. En nuestro mundo es muy habitual debido a ciertos errores que cometemos.

El miedo es diferente, se trata de un mecanismo de protección y es normal en dosis adecuadas porque garantiza la supervivencia. La ansiedad es una condición insana, un estado de preocupación condicionado por varios factores; el más común, el que suele manifestarse cuando el perro se separa de su dueño. Esto se debe a un instinto que les provoca tristeza si la manada se rompe, si su familia se divide.

Un perro puede saber cómo te encuentras, sentir si estás feliz o triste, incluso percibir las intenciones de las personas y anticiparse a sus movimientos, pero no comprende los conceptos de salir a trabajar, de compras o a realizar recados. Su vida se desarrolla a tu lado y al marcharte no sabe si volverás o no. Su manada se ha separado y eso le provoca angustia. No es natural que pase mucho tiempo solo, encerrado entre cuatro paredes, pues le provoca ansiedad por separación.

Fijaciones u obsesiones

Cuando dejamos que la hiperactividad o ansiedad domine a nuestro perro y no le permitimos hacer ejercicio es muy probable que desarrolle fijaciones u obsesiones. Son el resultado de un exceso de energía no canalizado. Necesita drenar su energía de alguna manera para estar equilibrado y tranquilo. De lo contrario, adquiere fijaciones que van desde la obsesión por una pelotita hasta perseguir gatos u otros animales.

En muchas ocasiones, los perros de las personas sin hogar son más serenos que los que viven en casas o apartamentos con todas las comodidades. La razón: caminan mucho, no tienen energía acumulada. Sucede lo mismo con los perros que tienen un trabajo establecido, como los bomberos o policías, que viven en constante actividad física y mental. Los perros entrenados para cuidar a personas con discapacidad tienen un trabajo mental muy importante y le es imposible acumular exceso de energía.

Las fijaciones u obsesiones no son sanas; equivalen a las adicciones de los humanos. Algunos perros pueden desarrollar agresividad y atacar a otros animales; o incluso a una persona si se acerca o le quita el objeto de su fijación. Este puede ser algún miembro de su familia que no juega bien el papel de líder. El perro asume que esta persona le pertenece. Por ejemplo: puede morder al amiguito que va a jugar con el niño de la casa. Sin embargo, no lo hace porque es malo, no hay premeditación; se trata de una simple reacción como consecuencia de la ignorancia de los responsables del perro. Cuando sacamos a nuestro perro a pasear hay que intentar planificar la ruta, hacer el mismo recorrido y a la misma hora. Es importante hacerle saber que nosotros establecemos el ritmo y no permitirle tirar de la correa para perseguir a otros animales. Esto es una fijación y hay que evitarla. Después del paseo premia a tu perro con comida y cariño para que se sienta equilibrado y feliz. Todos los animales trabajan para conseguir su comida, así que es justo y sano que reciba una recompensa.

Los beneficios de tener un perro en la familia

Las personas que tienen perros disfrutan de innumerables ventajas físicas como ya se ha mencionado en capítulos anteriores: presión arterial más baja, un nivel normal de colesterol en la sangre, sistema inmunológico más fuerte, entre otras. De hecho, van menos al médico y es menos probable que tomen algún medicamento. La tasa de recuperación de la enfermedad es mayor e incluso sus posibilidades de sobrevivir después de un ataque cardíaco son más altas.

Los niños que viven con un perro faltan menos días a la escuela debido a una enfermedad; y aquellos con enfermedades crónicas, a menudo responden mejor a los tratamientos.

Ni mi marido ni yo tomamos medicamentos. Nos reímos todo el día con las «payasadas» de Oly. Nos ayuda a mantener siempre el buen humor.

Los bienes emocionales que nos brinda tener un perro

Los perros garantizan nuestro bienestar emocional con su amor incondicional, son una buena compañía y un alivio para las personas que viven solas. Pueden ayudarnos a recuperarnos de un trauma personal, una fobia e incluso de problemas de salud mental. Además, son extremadamente divertidos; pueden hacerte reír durante horas y horas, están a tu lado al final de un día duro y siempre te brindan apoyo cuando lo necesitas. El hecho de que el amor de los perros sea incondicional puede ayudarte a aumentar la confianza en ti mismo, como en mi caso. **Y se lo ofrecen a todos.** Aman a las personas con todo su ser y lo demuestran todos los días.

Cuando nos ausentamos más de tres o cuatro días, Oly se queda al cuidado de mi hermano o mis sobrinos. Aunque nos echa de menos, está feliz porque la quieren y ellos también harían cualquier cosa por ella. Como mencioné, mi hija Dora no vive con nosotros, pero Oly la ama enormemente; bueno, ¡se aman enormemente! Cuando viene de vacaciones, Oly está muy feliz, no importa cuánto tiempo haya pasado desde su última visita; para ella es como si no hubiera pasado ni un minuto. Siempre se sienta a su lado, muy feliz, y la sigue a todas partes. Lo mismo pasa con mi hijo Cătălin. El viene a casa casi cada dos semanas. Oly le quiere mucho y se alegra sobremanera cuando lo ve. Él le enseñó, guiándola con la correa, cómo ser obediente y reconocer las palabras mágicas: **«¡Siéntate!»**, **«¡Quieta!» o «¡Ven!»**. A la hora de educarla, siempre usa palabras y gestos de manera que lo entiende y le hace caso.

Oly es muy obediente. Como está enferma, parece entender que necesita su medicina dos veces al día y la toma de nuestras manos sola, no debemos recurrir a ningún truco. Luego la premiamos con sus golosinas favoritas.

Cuando mis hijos vienen y luego se van, no sufro solo por mí, también por ver triste a Oly.

Los perros son altruistas

El perro no le es fiel al hombre solo porque recibe comida y comodidad, sino porque ¡es así! Estos principios están arraigados en sus genes. Se mantendrá cerca de ti incluso si pierdes tu hogar o te quedas solo y tratará de consolarte. No le importa si eres rico o pobre, si tienes un coche nuevo, si tu casa es grande o pequeña, si te bañas tres veces al día o una vez a la semana. **¡Lo único que le importa eres tú! Y solo te pide liderazgo y cariño.**

¿Por qué amo a los perros ahora?

A nivel emocional, nos entienden mejor que nadie; tienen una habilidad extraordinaria para leer el lenguaje no verbal y nos hacen sentir bien en poco tiempo. Están en perfecta sintonía con nuestra condición y nos brindan exactamente lo que necesitamos en cada momento.

Provocan momentos de diversión, no solo de vez en cuando, cuando hacen alguna «tontería», sino de forma permanente. En mi caso, todo me divierte: la forma en que se mueven, respiran, beben, comen, miran, se relacionan con otros perros…

Un dato curioso

No se lo digas a un amante de los gatos, pero los dueños de perros suelen ser más felices. Un estudio realizado por especialistas estadounidenses de la Universidad de Chicago confirma que las personas que tienen perros son más felices que las que tienen gatos. El treinta y seis por ciento de los dueños de perros que participaron en el estudio afirmaron estar muy contentos con sus mascotas, mientras que solo el dieciocho por ciento de los dueños de gatos reconocieron su felicidad. Además, los especialistas de *Psychology Today* creen que un perro mejora nuestras vidas y nos ayudan a ser buenas personas, más bellas y más saludables.

¿Sabías que el perro aprende los hábitos del dueño? El perro que tenemos dice mucho de nosotros. Por esta razón debemos tener mucho cuidado de cómo tratamos a nuestros perros. Al vivir con nosotros su comportamiento es nuestra responsabilidad. Debemos hacer todo lo que esté a nuestro alcance para tener **un perro equilibrado y feliz.**

Otros estudios muestran que l**as mujeres que tienen perros son más felices y disfrutan nuevamente de todas las alegrías de la infancia.** Esto se debe a que, emocionalmente, aprenden a deshacerse de los problemas con mayor facilidad y tienen la oportunidad de explorar el entorno mediante caminatas largas, ver el mundo con otros ojos y también pasar tiempo con ellas mismas.

¿Qué he aprendido de los perros?

Exactamente, leíste bien: últimamente los perros me han enseñado incluso más que la gente. Me han mostrado lo importante que es cultivar relaciones sanas y cercanas con otras personas, conectar con ellas, darles mi tiempo y amor y dejar que hagan lo mismo por mí. Las verdaderas amistades nutren y curan el alma, nos brindan la paz diaria que tanto necesitamos. Incluso podrían enriquecer nuestra vida social por la sencilla razón de que no nos parecerá nada extraño hablar con desconocidos en la calle cuando salimos a pasear con nuestros perros.

Los perros viven cada momento a intensidad máxima y siempre en el presente. Esto explica su alegría contagiosa y la gratitud que muestran por todo lo que tienen. De ellos aprendí el valor de quedarme en silencio y olvidar las preocupaciones, pues el presente es lo único que tenemos seguro. Gracias a Oly observo más mi entorno y he descubierto lo que antes no podía ver, por eso te aconsejo que te detengas un momento y mires una flor o un pájaro. Escúchalo... Canta, incluso bajo la lluvia, cuando hace frío o calor... Canta y nos encanta, no está preocupado porque lo tiene todo, solo nosotros nos preocupamos tanto.

Una persona querida solía decirme: «El hombre recibe de Dios todo lo que necesita». Entonces, no tiene sentido preocuparse demasiado porque **ni siquiera los pájaros o los lirios del campo hacen esto y son preciosos.**

Aprendan una lección de cómo crecen los lirios del campo. No trabajan duro ni hilan, pero les digo que ni siquiera Salomón en toda su gloria se vistió como uno de ellos, Mateo 6:28.

Un perro te enseñará a amar, a dar, a ser tú y a vivir en la realidad

Los perros siempre perdonan, pero eso no significa que debemos aprovecharnos y maltratarlos. No importa lo que hagan, jamás debemos maltratarlos de ninguna manera. ¿Cuántos casos vemos de perros golpeados por sus dueños? Y, aunque ha sido una experiencia muy dolorosa, siguen amándolos incondicionalmente.

Cuando nuestra Oly hace algo malo (por ejemplo, pipí dentro de la casa; lo cual ocurre rara vez) «la regaño» y le digo en broma: «¡Ya ni te hablo! ¡Ve a tu casa!». Ella parece que entiende y se va a su casita, a su cuna o se esconde debajo de una silla. Se sienta triste y, cuando le digo que la perdono, viene rápido, como si nada hubiera pasado, y menea alegre la cola.

La lealtad es otro de los valores que podemos aprender de nuestros perros. Desde el comienzo de la civilización, **el perro ha sido símbolo de fidelidad** y ejemplo para la humanidad.

Cuando tienes un perro, construyes tu rutina, lo cual es saludable tanto para él como para ti. Esto significa que te despiertas más temprano, llegas a casa antes, caminas más, te mueves, juegas y ríes como un niño, **amas y eres amado**… ¡Mi perrita logró hacerme responsable y disciplinarme como nadie ha hecho hasta ahora!

Todo esto nos ayuda a encontrar nuestro equilibrio. El aburrimiento se convierte en un lujo, ya que es imposible aburrirse con un perro. Aunque no nos demos cuenta, **su presencia en nuestras vidas es una terapia** que nos ayuda a ver el mundo con otros ojos cada día, a ser mejores, más tolerantes y más responsables. **Los perros nos aman sin más. ¡Y el amor es el que sana! Cura las heridas del pasado, sana las heridas del presente y sana el miedo. Curar el miedo a los perros, cura todo. El amor siempre gana. ¡El amor nunca falla!**

Ahora, después de tantos años, estoy convencida de que el amor por los animales fue lo que me ayudó a superar mi mayor miedo; el miedo a volver a ser mordida por un perro. Traté de eliminar el dolor con un sentimiento de odio hacia todos los perros, pero Dios puso en mi camino el amor. Hoy puedo decir que **soy libre del pánico** que no me dejó vivir plenamente durante décadas. **Me liberé del miedo con la ayuda de mi perrita.** El proceso de curación tomó casi cinco años. Ahora puedo gritar al mundo entero que… **¡¡me liberé del miedo a los perros!!**

Tú también puedes darte la oportunidad de aprender sobre el comportamiento sano de los perros. **¡Aprende a disfrutar de los momentos de felicidad que te regala la vida!**

Los perros pasan página rápido, ellos simplemente **¡viven el momento! ¡Aprende a dar sin esperar recompensas!** Su amistad, fidelidad y el amor incondicional que te ofrecen son ejemplos vivos de esta entrega. **¡Aprende a dar y a recibir amor!**

A veces vivimos experiencias que nos entristecen y no son pocos los hechos que nos afectan en la medida en que cerramos el corazón; nos hacen perder la confianza en todos y en todo, pero especialmente en nosotros mismos. Y aquí es donde interviene el perro, la perrita en mi caso. Aquí entra al «escenario», con toda la alegría, para mostrarme que no importa lo que haya vivido o en qué estado esté en ese momento, **¡mi corazón tiene el poder de triunfar, amar y recuperar la confianza!** Cuando nos «golpea la vida» o nos sentimos solos, sin un horizonte al que mirar, o tenemos la impresión de que todos nos han dejado, los perros vienen a devolvernos la confianza de que somos amados tanto por ellos como por nuestra familia y amigos; y, sobre todo, por Dios, que siempre nos enviará la ayuda necesaria para superar lo que nos acontece.… Desde los inicios de la humanidad, los perros se acercaron a los campamentos nómadas y entendieron que, estando a su lado, obtendrían comida y refugio con mayor facilidad. **Perros y hombres han convivido en una estrecha relación.** Sería bueno preguntarnos si realmente les estamos dando todo lo que necesitan para hacerlos felices, sabiendo que existen perros que han sufrido mucho por la ignorancia y maltrato del hombre. Algunos perros corren otra «suerte», especialmente en los países norteamericanos, donde llegan a tratarlos como si fueran niños humanos. Y al humanizarlos no les estamos haciendo un favor, al contrario, los desequilibramos y provocamos lo que antes hemos llamado «dificultades» de las que generan grandes inconvenientes.

Dato curioso

En opinión del famoso adiestrador canino César Millán los perros más felices y equilibrados emocionalmente en países de Norteamérica son los que están con las personas que no tienen hogar porque andan juntos de aquí para allá, buscando algo para comer.

En su opinión, aunque estos perros no tienen buen aspecto porque no comen muy bien ni les aplican costosos champuses ni acondicionadores, son muy equilibrados y no son agresivos. Esto se debe a que reconocen a la persona a la que siguen como su líder y la siguen a donde va, obteniendo así un líder y ejercicio diario. En las horas de la tarde u noche obtendrá comida y afecto. Estos dos últimos grandes complementos los obtendrá cuando ya esté muy cansado por la migración, exactamente igual como lo obtendría en la naturaleza; es decir, si viviera en estado salvaje. Por esta razón, este perro no será capaz de lastimar a nadie porque es equilibrado y se siente bien consigo mismo.

Esto no significa que debemos ser indigentes para hacer felices a nuestros perros. La idea es saber que el perro necesita **un líder para poder sentirse seguro, reglas de convivencia y ejercicios.**

Capítulo IX
Maltrato animal

«El perro es el mejor amigo del hombre, yo estoy buscando hacer de este mundo un lugar donde el hombre sea un buen amigo para el perro».

César Millán.

En capítulos anteriores mencioné el triste acontecimiento del maltrato animal y decía que no alcanzarían todas las páginas del mundo para explicar lo que significa. Sin embargo, de una cosa estoy muy segura: **se necesita el mismo grado de maldad para herir a un animal que a un ser humano, sobre todo a los más vulnerables; es decir, a nuestros hijos.**

Te recomiendo que **¡nunca confíes en una persona que maltrata a un animal!**

La vida está llena de dificultades, pero vale la pena vivirla. Como seres humanos que gozamos de razonamiento tenemos libertad para decidir entre hacer el bien o el mal y, lamentablemente, muchos optan por hacer el mal. Lo peor es que esto se extiende de una generación a otra y una persona que elige hacer el mal enseña a sus hijos a hacer lo mismo. No importa lo que haya pasado en nuestras vidas, no importa lo que sufrimos, la decisión es siempre nuestra.

Hay personas que golpean a sus hijos y se disculpan diciendo que así fueron tratados de pequeños, por eso no conocen otra forma de educar o corregir. También es cierto que hay millones de personas que sufrieron abusos en su infancia y al tener sus propios hijos no abusan de ellos ni de ningún otro ser. Ellos quieren que sus hijos sean felices y que no pasen por las mismas dificultades. Estos hechos demuestran que nuestros sufrimientos pasados no justifican que causemos mal en el mundo.

Los animales, especialmente los perros y los gatos, no son inmunes al daño que les pueden hacer las personas. A veces, por frustración o intereses monetarios, suelen ser víctimas de la maldad humana. Por ejemplo, en el caso de un perro con fijación obsesiva a un objeto, si alguien lo agarra puede morder a esa persona. Pero esto viene del instinto; es a una reacción, no una planificación. El perro no se pasa el día pensando: «Voy a morder al que agarre eso o aquello».

Nosotros, en cambio, no solo reaccionamos (algo natural como, por ejemplo, huir del peligro), sino que, en la mayoría de los eventos del día actuamos con premeditación. Planeamos levantarnos y desayunar, bañarnos…, entre otras actividades. Somos el único ser capaz de hacer daño con intención, aparte de cuando actuamos en defensa propia o de nuestros allegados. Somos el único ser capaz de actuar con mala intención.

El daño que podemos causar a nuestros perros va desde abandonarlos hasta golpearlos o incluso matarlos. Fue el caso de Oly, a quien abandonaron en una bolsa de plástico, metida a su vez en una caja situada delante de la rueda del coche. Su destino hubiera sido una muerte cruel. No me cansaré de decir: ¡qué crueldad por parte de quien la puso allí!

En algunos países el maltrato animal es ilegal. Aun así, algunos animales han sido víctimas de maltratos. En los lugares donde la ley no los protege les va mucho peor. Los encadenan en condiciones adversas, bajo el sol y la lluvia; otros no reciben ni agua ni comida; algunos son abandonados en la calle o en algún refugio. En algunos países existen las terribles peleas de perros, tema del que ya hablamos.

El abandono, además de ser el más común de los abusos, es un delito cometido muchas veces por personas que no consideramos malas. Es decir, alguien que no es cruel ni abusaría

físicamente de alguien, sino que simplemente no quiere asumir la responsabilidad de tener un perro. **A menudo sucede cuando queremos un perro por motivos equivocados y huimos de nuestras responsabilidades de una manera descarada.**

Por triste que suene, vivimos en el siglo del desecho: nos deshacemos de lo que no nos sirve, lo que ya no consideramos útil o simplemente no queremos. Se producen más divorcios porque las parejas ya no quieren luchar por salvar su matrimonio, crímenes abominables como el aborto... Así, entre atrocidad y atrocidad, nos deshacemos de todo lo que consideramos un trabajo sin darnos cuenta de que **vamos perdiendo el sentido de lo que significa la vida.**

También, algunas personas ven a sus perros como objetos y los tienen solo para aparentar o para que cuiden su propiedad, pero en realidad no se quieren comprometer a cubrir sus necesidades. No se permiten a sí mismos recibir todo lo bueno que el perro les quiere dar y lo abandonan, lo dejan sumergido en la más triste soledad.

Un perro nunca entenderá por qué lo dejas. ¡Él siempre esperará a que regreses por él! Por eso, en nombre de todas las personas que aman a los perros, les pido que lo piensen bien antes de llevarse uno a casa.

España no es la excepción para estos tristes acontecimientos. Según el último estudio de la Fundación Affinity, las causas principales por las cuales la gente abandona a sus mascotas son:

- Camadas no deseadas (15,3%).
- Finalización de la temporada de caza (12,6%).
- Comportamiento problemático del perro (10,8%).
- Motivos económicos (10,7%).

- Falta o pérdida de interés por su perro (9,8%).
- Nuevo domicilio (8,9%).

Detrás de todas hay un trasfondo de **falta de amor o haber adoptado a un perro por las razones equivocadas.**

Sobre la falta de amor…, así como hay personas con miedos (como en mi caso a los perros), también las hay que, por alguna razón, **temen amar o permitirse recibir amor.** Por experiencia os digo que, cuando somos incapaces de dar o recibir amor, como me sucedió con Oly, **¡las cosas más simples de la vida nos oprimen y agotan!** Por eso hay tanto abandono por parte de nosotros hacia los demás y viceversa. **La vida solo tiene sentido si amamos; es la única forma de ver su belleza a pesar de todas las dificultades.**

La mayoría de perros con problemas de comportamiento pueden rehabilitarse. En general, el problema es el dueño y no el perro, salvo que tenga un alto grado de desequilibrio. En tal caso debemos hacer todo lo posible antes de renunciar a él. Existen muchos profesionales que rehabilitan perros y enseñan a su familia humana a ser mejores líderes y dueños más responsables. **También existen libros de autoayuda que nos enseñan cómo hacer feliz y equilibrado a nuestro perro,** lo cual es una bendición para toda la familia.

Si no podemos seguir viviendo con nuestro perro por motivos justificados es fundamental buscar otra familia que se responsabilice de él y le brinde todos los cuidados que merece. Existen, además, muchas organizaciones de rescate que cuidan de tu perro y están dispuestos a ayudarte a conseguirle un buen hogar.

Cuando abandonas a un perro estás causando un daño muy grande a un ser indefenso y a la armonía de la creación. Pero cuando lo maltratas dejas marcas irreparables, no solo en la víctima, sino también en la humanidad, ya que se supone que debemos cuidar y prolongar la vida de todas las especies. Si sientes que no eres capaz de amar, debes buscar ayuda porque no solo te privarás de vivir plenamente, también causarás mucho daño en el mundo. Las personas que sufren por dentro siempre hacen daño a los demás, es algo natural, pero todos tenemos el poder de sanar. **Lo primero es admitir que estamos enfermos, que tenemos heridas de amor; lo siguiente, buscar ayuda.**

Una forma muy eficiente de sanar es tener fe en nuestro Creador. Hablar con él por medio de la oración, aprender más de la Biblia, meditar y ver las cosas pequeñas, pero maravillosas de la vida. No obstante, existen personas que, o no saben que están enfermas de falta de amor o simplemente buscan ayuda en lugares o actividades equivocadas, como las drogas, el alcohol... Son los peores lugares donde refugiarse porque esas personas terminan haciendo mucho daño a los que los rodean.

En las últimas décadas ha aumentado la violencia doméstica. Muchos niños y jóvenes se vuelven insensibles cuando se enfrentan a una situación de abuso en público, como cuando alguien patea a un perro. Debemos ser conscientes de que todos los seres vivos son parte de una creación maravillosa. Dios diseñó el mundo para que vivamos felices y nombró a los humanos para cuidarlo. No obstante, somos los que más destrucción causamos y, aun cuando intentamos hacer algo con buena intención, si no lo pensamos bien terminamos arruinando la creación. Un ejemplo hipotético sería si los clubes de protección animal sacasen a un sinfín de pingüinos de su hábitat para protegerlos de los osos polares y liberarlos en otro sitio, sobrepoblando la zona de pingüinos. Esta intervención humana afectaría a tres especies: los osos polares, los pingüinos y los peces, que se extinguirían por causa del hombre. Se han visto casos similares en otras especies. Por no mencionar a los que actúan con mal corazón, como los cazadores que cazan por ocio.

En la naturaleza existe un equilibrio y sin la intervención del ser humano las especies jamás se extinguirían.

Volviendo al tema de la violencia animal y doméstica, si un niño crece viendo a los adultos maltratar a los perros o a otros seres humanos, creerá que es correcto y normal. No tendrá la oportunidad de aprender a amar lo que no conoce y de adulto utilizará la agresión para resolver sus problemas, no porque sea malo, sino porque no conoce otra forma de ser.

Si pudiéramos, solo por un instante, darnos la oportunidad de ver a toda la creación como parte del amor de Dios hacia todos nosotros, no haríamos daño a los demás y no existirían tantas enfermedades emocionales.

Querido lector, estoy segura de que, si este libro ha llegado a tus manos no es por casualidad y tengo que decirte algo valioso: tú puedes hacer mucho por ti y por los demás. **¡Ser tú mismo es un regalo que no debes dejar de otorgarte a ti mismo y al mundo!** La mejor versión de ti es aquella que es capaz de **dar y recibir amor.**

A quien no le gustan los perros y, por alguna razón, está leyendo este libro (al fin y al cabo, es **un libro de autoayuda con el que espero ayudarte a superar tus miedos**), quiero pedirte un favor: **si no crees que puedes llegar a amar a los perros o aceptarlos cerca, por favor no los maltrates ni los atropelles.** Hay personas que atropellan a un perro a propósito y piensan que le están haciendo un favor a la ciudad. **Los perros cruzan la calle con la inocencia de un niño de dos años, por favor, no los mates ¡déjalos cruzar!**

Los perros y gatos no pueden ser liberados como lo haríamos con un animal exótico que devolvemos amablemente a su medio natural. Aun así, a un gato le resultará más fácil superar su abandono y acostumbrarse a sobrevivir. Sin embargo, para un perro es muy difícil adaptarse a vivir solo en la calle, no deja de ver a su dueño como parte de su manada. Es **posible que no entienda lo que ha pasado ni por qué lo han dejado allí, nunca aceptará la idea de que su familia lo ha abandonado. Si la persona vuelve en unos días al lugar donde lo ha dejado y él sigue allí, saldrá a su encuentro con una alegría indescriptible, propia del amor que siente por su dueño; una alegría que no expresa resentimiento ni rabia por haberlo dejado.**

Aunque se cree que los refugios para perros y gatos están llenos de animales problemáticos, que están allí porque sus dueños los consideran un peligro, **¡no es cierto! Muchos están allí porque sus dueños los han abandonado.** En España y en muchos países **está prohibido el abandono de animales en la calle.** Son seres vivos y, por tanto, hay que respetarlos. Por desgracia, ¡no todo el mundo respeta las leyes!

Cuando hablas con algunas personas que han abandonado un perro o, en el mejor de los casos, le han buscado un nuevo hogar, van a mencionar una de las siguientes razones:

- No tienen tiempo para cuidarlo.
- Les da demasiado trabajo y les ha causado grandes destrozos.
- Los consideran agresivos.
- No pueden llevarlos de vacaciones.

También son habituales excusas como las siguientes:

- «Solo lo adquirí para que cuidara mi propiedad mientras terminaba de construir».
- «Creció más de lo que esperaba».
- «Ya está viejito y no sé cómo hacerme cargo de él».

Según un estudio de asociaciones especializadas en el tema, el veinticinco por ciento de las personas que han abandonado un perro o gato **lo han hecho porque nunca quisieron tener una mascota; llegó a su casa como regalo de alguien a algún miembro de la familia.**

Como pueden ver, la mayoría de las razones expuestas son el resultado de la falta de amor y del sentido de la responsabilidad; y, como ya he dicho, parece que vivimos en el siglo de «si algo no nos gusta o nos causa problemas, lo tiramos y todo solucionado».

Los dueños no quieren gastar en esterilizar a sus mascotas y llegan camadas inesperadas de las que se deshacen sin contemplación. Lo paradójico es que existen sociedades que esterilizan gratis, así que no es solo la falta de dinero, también la falta de conocimiento o de piedad. Por tanto, debemos pensar que si nuestra intención no es aprender a amar a nuestro perro, es mejor no tenerlo. **Un perro no es un objeto, es un ser que siente, sufre y ama; pero, sobre todo, es un ser que nunca dejará de verte como parte de su familia, que nunca dejará de amarte por lo que eres, una persona única e irrepetible.**

Cuando decidas decir sí a este maravilloso desafío que te hará una mejor persona, debes recordar que la decisión de adoptar un perro se debe tomar en familia, esto garantizará el ochenta por ciento del éxito de la convivencia. Además, como te expliqué, debes estudiar y seleccionar un perro cuyas necesidades sean compatibles con los miembros de la familia.

Aunque un perro de cualquier edad puede ser educado, porque vive día a día, la etapa de cachorro siempre será la ideal porque requerirá menos tiempo y esfuerzo. Debemos ser responsables y asegurar la salud de nuestros perros, incluida su esterilización, para que puedan llevar una vida más tranquila.

Recapitulemos las consecuencias de abandonar a un miembro de tu familia, tu perro:

- Puede sufrir el ataque de otro perro o animal que lo considere una amenaza.
- Puede sufrir el ataque frecuente de los seres humanos que lo maltratan para echarlo de un lugar.
- Puede morir a causa de un atropello, intencionado o no.

Además de los traumas físicos, también se generan traumas emocionales:

- Traumas psicológicos como resultado de la agonía: pérdida de confianza, depresión y desorientación.
- Desnutrición y estrés, que luego son causantes de otras enfermedades.

No solo el perro abandonado sufre las consecuencias del abandono, también la sociedad porque la especie humana queda muy mal parada. Deberíamos cuidar de la creación, no enviarla a una muerte segura.

No podemos negar que la mayoría de los seres humanos gozamos de buen corazón y seríamos incapaces de atropellar a un animal indefenso. Pero, al esquivar a un perro que sale de repente a la carretera podemos provocar accidentes terribles de tráfico.

Cómo podemos reducir el abandono de nuestros perros

Lo primero es generar conciencia. Nadie puede amar por la fuerza ni recibir un amor que no desea; sin embargo, si logramos hacer ver a la sociedad la importancia de pensar con mucho cuidado antes de llevar a un perro a casa, reduciremos el abandono.

La mejor manera de educar es con nuestro estilo de vida, dar ejemplo a nuestros niños y jóvenes. Aunque a veces parecen ignorarnos, en realidad nos observan en todo momento. Debemos enseñarles a cuidar y respetar a los demás, eso hará de este mundo un lugar mejor. Y debemos enseñarles que **un perro no es un juguete ni un regalo**. Los niños son seres inocentes que siempre están dispuestos a dar amor, pero no podemos regalarles una mascota sin antes preguntar a sus padres. Así evitaremos romperles el corazón si los padres no les permiten quedarse con su nuevo y tierno amigo, y también evitaremos que el perro termine en la calle o en algún refugio.

Las leyes, en gran parte del mundo, favorecen la protección de los animales. Si denunciamos a quien las infringe maltratando a un animal o abandonándolo, se verán obligados a pagar multas y, posiblemente, lo pensarán dos veces antes de volver a incumplir la ley.

El uso de microchips en nuestros perros (Oly lo tiene desde el principio) es muy importante porque, si por alguna razón se pierden, será fácil detectarlo.

El control de la natalidad es fundamental. Debemos esterilizar a nuestras mascotas. No solo hará más sencillas nuestras vidas y las de nuestros perros, también evitará la aparición de cachorros no deseados que serán abandonados en la calle.

Conclusión sobre el maltrato animal

El maltrato animal es un serio problema social y, en general, no le damos la importancia que merece. Como he dicho, se necesita el mismo desequilibrio mental o de maldad para maltratar a un animal que a un ser humano. Un perro, como cualquier ser vivo, siente y sufre. Y no le afecta solo físicamente, sino también mental y emocionalmente.

Recordad que los perros consideran a los humanos sus amigos, pero, a diferencia de nosotros, no se decepcionan, no piensan: «¡Ese hombre malo me golpeó, ya no lo voy a querer más!». **Los perros volverán a confiar en ti una y otra vez.** Ellos entendieron muy bien **El Mandamiento de amaras a tu prójimo como a ti mismo,** y aman… y aman sin esperar recompensa.

Existen diversas formas de maltrato, en un animal, en especial en un perro. Consideramos maltrato a los gestos que van desde no alimentarlo adecuadamente, no brindarles condiciones higiénicas-sanitarias apropiadas, hasta el castigo físico o psicológico.

Está en nuestras manos la solución parcial a este problema. Si bien es cierto que no p**odemos cambiar al mundo, podemos cambiar el mundo de una persona, en este caso de un perro,** denunciando a los maltratadores a las autoridades o a los centros de protección animal. Ellos visitarán el hogar de la presunta víctima y tomarán medidas.

El miedo no se puede ocultar. Aunque tratemos disimularlo, siempre resalta. Si un perro da indicios de miedo, puede que sufra maltrato. No obstante, no debemos sacar conclusiones a la ligera; no podemos juzgar a nadie sin pruebas.

Para finalizar

Mis recuerdos me llevan de vuelta a mi infancia. En primavera éramos muy felices, jugábamos a todo tipo de juegos con los niños de nuestros vecinos. Los veranos nos parecían eternos. Cuando hacía buen tiempo era un placer inmenso disfrutar de un largo día soleado y de bañarnos en las aguas cristalinas del río Someş.

Desde la primavera hasta el otoño, me gustaba caminar con mis hermanos y perdernos en la naturaleza. La mejor manera de experimentarla a pie y la mejor manera de acercarnos a ella y sumergirnos en su paz y belleza es caminar, caminar...

Recordar mi infancia es sin duda un deleite para mí. Guardo grandes y maravillosos recuerdos de mi amado pueblo. Alguna vez pensé que, si no fuera por el incidente de aquel verano, los días de mi niñez y juventud habrían sido los más felices del mundo. **Hoy, después de haber vivido un intenso proceso de sanación, puedo darme cuenta de que, todo lo que vivimos, por duro que sea, puede ser la razón para realizar algo maravilloso y bueno.** Durante más de cuatro décadas permití que el miedo me dominara, sin llegar a ser completamente feliz, pero nuestro Creador me mostró que la sanación estaba dentro de mí. **El amor es la cura a todos los males y necesitaba aprender de la vida que todos necesitamos recibir amor.**

Dios ha creado a los perros para enseñarnos el amor incondicional. He aprendido tanto de ellos últimamente que no existen páginas suficientes que escribir.

Mi propósito con esta obra es devolver un poco del bien que he recibido. **¡Vencer el miedo en la peor de sus fases es posible!** La curación está dentro de ti, solo debes reconocer que tienes un problema y abrirte a la posibilidad de dar y recibir amor. Todos queremos ser felices, pero no puede haber felicidad con temor. Mi Oly llegó a mi vida para enseñarme precisamente que **nunca es tarde para vivir plenamente. Esa es *Mi razón de amarte.***

Aunque te sientas perdido y sin fuerzas, **¡nunca te rindas! «Cada día es una nueva oportunidad. Elijo hacer de este un gran día»**, afirmaba Louise Hay. Así que **cada día puede ser el comienzo de algo maravilloso.** Te invito a que hagas de esta frase tu mantra. No importa el tiempo que lleves con una herida emocional, cada día es un nuevo comienzo. De hecho, para un perro cada instante es un nuevo comienzo. Tú puedes vencer todo lo que quieras vencer con la ayuda de las herramientas correctas.

Los perros comparten muchas similitudes con nosotros, por algo en el nombre de su especie está la palabra ***familiaris.* ¿Amamos nosotros a nuestra familia como nuestro perro nos ama?**

Os invito a dejar un mundo mejor para nuestros hijos y sus generaciones.

Esos ojos tiernos que me miraban suplicantes
parecían preguntarme:
¿qué tengo que hacer para que me ames?

Agradecimientos

Le agradezco a Dios por acompañarme y guiarme a lo largo de mi vida, por ser mi fortaleza en mis momentos de debilidad y por brindarme una vida llena de enseñanzas, experiencias y, sobre todo, felicidad.

Un profundo agradecimiento a mi familia, a mi esposo y a nuestros dos hijos, Dora y Flavius, quienes viven todos los procesos de mi vida, que siempre entienden y respetan con paciencia mi trabajo durante horas frente al ordenador. ¡Os amo con todo mi corazón!

Pero, sobre todo, le agradezco a mi esposo por este maravilloso regalo llamado Oly, sin el cual este libro no habría existido. Gracias por darme la oportunidad de ser parte de una historia tan especial para ti, que ahora también lo es para mí.

Agradezco a mis padres los valores que me inculcaron y que me ayudaron a ser la persona que soy.

Gracias a mis hermanos por formar parte de mi vida, por compartir una infancia feliz, que siempre guardo en mis recuerdos.

Gracias a todos mis familiares y amigos por confiar en mí.

Gracias a mi sobrina Adela por su apoyo en la realización de este proyecto.

A todos ustedes que invierten su tiempo en leer este libro.

¡Les doy las gracias!

Maria Salvan nació el diecinueve de mayo de 1956 en Nimigea de Sus, un pueblo de Bistrița-Năsăud, situado en el norte de Transilvania (Rumanía), pero desde 2004 reside en Almería.

Su primer libro publicado fue *Mujer y madre entre dos siglos* (ViveLibro, 2018) al que siguió *Da el salto: cambia tu vida con el poder mágico de las afirmaciones positivas*, ambos de desarrollo personal.

También ha participado en el libro *Verdades dolorosas*.

Ahora vuelve con un nuevo libro: *Mi razón de amarte. ¿Se puede vivir sin miedo?* (Ediciones Arcanas, 2021), donde, a través de vivencias personales, intenta ayudar a otros a superar el miedo a los perros.

www.ingramcontent.com/pod-product-compliance
Ingram Content Group UK Ltd.
Pitfield, Milton Keynes, MK11 3LW, UK
UKHW022005190726
13853UKWH00004B/1740

9 788412 394856